세계 주요국의
소프트웨어
특허제도 분석

세계 주요국의
소프트웨어
특허제도 분석

한국, 일본, 미국, 유럽, 중국 특허청에서의
소프트웨어 특허에 대한 심사 실무 비교 분석

박상현 지음

i!i
에이콘

박상현(hanque2@naver.com)

특허청 심사관으로 컴퓨터·소프트웨어 분야 특허심사 12년의
경력이 있으며, 국내 컴퓨터·소프트웨어 특허 분야의 전문가다.
특허법, 특실심사기준, 컴퓨터관련발명심사기준 개정 업무에 참
여한 바 있으며, 「PCT조사보고서 매뉴얼」,「선행기술검색 가이
드」 편집위원으로 활동한 바 있다. 대학, 연구소, 기업들을 상대
로 다수의 특허법을 강의한 바 있다.

- 중앙대학교 전자공학과 박사
- 에이스테크놀로지 책임연구원
- 필립스전자 반도체사업부 선임연구원
- 특허청 특허심사관

제4차 산업혁명의 시대가 도래 하면서 컴퓨터의 보조적 수단 정도로 인식되던 소프트웨어가 하드웨어를 지배하는 기술로 바뀌어 가고 있습니다. MS 윈도우 또는 한컴의 문서작성 프로그램 정도로 취급되던 소프트웨어는 1998년 닷컴 열풍으로 시작돼 IT의 폭발적인 성장과 함께했으며, 이제는 국가의 미래를 결정지을 신산업의 한 축으로 등장했습니다.

신산업에 대응해야 하는 기업들은 소프트웨어의 가치에 대한 인식을 바꾸고, 엄청난 속도의 IT 기술의 변화에 뒤처지지 않으려 매진하고 있습니다. 비IT 기업들도 전통적인 산업에 소프트웨어를 융합하려는 혁신을 시도하고 있습니다. 미래를 위해 투자한 기업들은 자사의 핵심 소프트웨어 기술을 법과 제도로 어떻게 보호할지에 관심을 갖는 것은 어쩌면 당연한 수순일 수밖에 없습니다.

통상 소프트웨어를 보호하는 법적 보호제도로 저작권, 영업비밀보호권, 그리고 특허권 정도로 알려져 있습니다.

소프트웨어 보호에 가장 적극적이었던 저작권법은 몇 차례의 법 개정을 통해 소프트웨어의 실체적 보호를 대폭 강화했습니다. 그러나 특허법은 여전히 지난 20년 동안 소프트웨어가 특허 보호 대상인지에 대한 논쟁에 붙들려 있어 소프트웨어를 제대로 보호하지 못하는 점은 항상 아쉽기만 합니다. 다른 나라와 달리 왜 우리나라의 개발자들과 일부 법학자들은 소프트웨어 특허의 필요성을 인정하지 않으려는 것인지, 현 특허청 심사관의 입장에서 안타까웠습니다.

13세기 초 직물방직기술 보호의 필요성으로부터 시작된 특허제도는 항상 기술의 변화의 흐름을 뒤쫓는 형상이었고, 늘 보수적인 움직임을 보였습니다. 그러한 특허제도의 관습을 고려하더라도 현재의 특허제도로는 소프트웨어를 보호하는 데 한계가 있다는 것은 잘 알려진 사실입니다.

소프트웨어는 그 개발 순환주기가 매우 짧고, 모방이 쉽다는 특수성이 있고, 컴퓨터 프로그래밍 언어로 표현됨에 따른 저작권과 특허의 상충문제는 소프트웨어 보호 측면에서 반드시 해결해야 하는 과제입니다. 그렇다면 이러한 문제는 비단 우리나라만의 문제가 아닐 것이기 때문에 세계 주요국은 어떻게 접근하고 풀어 가는지 살펴볼 필요가 있습니다.

특허의 보호 방식과 저작권의 보호 방식에는 각각 장단점이 있기 때문에 소프트웨어를 법적으로 보호하는 최선의 방식이 무엇인지는 단언하기 어렵고, 기업들은 각자의 상황과 수준에 따라 보호 방식을 선택하면 될 것입니다. 다만 소프트웨어적인 기술 가치를 제대로 보호할 수 있는 특허제도를 운영한다면 소프트웨어 산업계로부터의 큰 공감을 얻을 수 있을 것입니다.

현재의 소프트웨어를 둘러싼 산업 환경이 변화되고 있는 상황에서 일부 국가에서는 국가별 산업 환경에 맞춰 소프트웨어 특허제도를 변경하는 움직임을 보이고 있습니다. 이러한 변화에서 최근 소프트웨어 발명에 대한 세계 주요국 특허청의 심사 실무 및 사례를 비교 분석할 필요가 발생했습니다. 과연 세계 주요국들은 소프트웨어 기술을 어떻게 특허로 보호하고 있는지, 세계 주요국의 보호방식에는 무엇이 같고 무엇이 다른 것인지 살펴볼 필요가 있습니다.

소프트웨어 산업이 최고 수준인 미국은 과거 소프트웨어 특허의 인정에 관해 매우 개방적인 태도를 취해왔으나, 2014년 6월 ALICE 연방대법원 판결을 통해 소프트웨어 특허의 인정범위를 축소하는 보수적인 심사제도를 채택했습니다. 그렇다고 소프트웨어 특허 자체를 부정하는 것은 결코 아닙니다. 과거 SSB 판결 또는 Bilski 판결의 사례에서 알 수 있듯이 미국의 ALICE 판결은 전 세계 주요국의 특허제도에 직·간접적으로 영향을 줄 것으로 예상됩니다.

이 책에서는 소프트웨어 특허에 관한 법적 이론적 해석에 치중하기보다는 현행 심사 실무와 그 사례를 우리나라, 일본, 미국, 유럽, 중국의 사안별로 분석하고 비교해 설명하고자 합니다. 특히 중국의 소프트웨어 특허제도에 대해서는 그동안 잘 알려져 있지 않았지만, 이 책을 통해 중국의 특허 심사 실무를 파악하는 데 도움이 될 것으로 예상합니다.

특허받기 위한 요건patentability으로는 크게 특허 적격성eligibility(성립성), 신규성novelty, 진보성inventive step, 청구 범위의 명확성clarity이 있습니다. 이 책에서는 소프트웨어 특허의 주된 쟁점 사항인 특허 적격성과 청구범위의 명확성을 다루고 있습니다. 소프트웨어 특허의 적격성에 대한 세계 주요국의 법조문과 판례를 다뤘고, 특히 특허심사관이 주로 활용하는 특허심사기준을 집중 분석했습니다. 또한 세계 주요국에 동시 특허 출원한 사례에 대해 각 국가별 심사관은 어떻게 심사해 어떤 결정을 했는지 구체적인 거절이유 등을 정리함으로써 세계 주요국 특허청의 심사 실무의 차이를 쉽게 비교할 수 있습니다.

이 책은 소프트웨어 특허에 관심을 갖고 있는 독자들에게는 좋은 안내서가 될 것이며, 관련 지식을 가진 사람들에게는 세계 주요국의 소프트웨어 특허제도를 한눈에 비교할 수 있는 참고서가 될 것입니다.

초판이라 아직 부족한 부분이 많지만, 지속적인 관심과 자료의 발굴로 부족한 부분을 채워가면서 책의 완성도를 높이기 위해 노력할 예정입니다. 이 책에서 통계와 인용된 부분이 아닌 표현은 저자의 주관적 견해임을 밝힙니다. 개인적으로 우리나라의 소프트웨어 특허제도가 국제적 조화와 미래의 소프트웨어 산업의 환경에 부합하는 바람직한 방향으로 운영되기를 진심으로 기원합니다.

이 책이 출판되기까지 도움을 주신 많은 분들께 진심으로 감사드립니다.

박상현

아내 은정, 아들 태정, 정연 사랑한다.

차례

들어가며

일반적인 특허법 및 특허제도와 관련해 수많은 책들이 공개되고 실무에 활용되고 있다. 그러나 소프트웨어 특허에 대한 책은 그리 많지 않다. 특허 역사적으로 살펴보면 기계, 화학, 의약, 전자, 통신 등의 분야에 비해 소프트웨어 특허는 가장 늦게 탄생했다. 특허법상으로 소프트웨어를 보호하는 방법이 아직까지도 완벽하지 않기 때문에 소프트웨어 특허에 대한 법적 보호의 논쟁은 현재까지도 지속되고 있다.

우리나라는 과거 2000년 초반에 특허청 주도로 컴퓨터 프로그램 및 영업방법의 특허보호에 관한 연구가 몇 차례 있었으나, 소프트웨어 특허 보호에 대한 심도 있는 연구가 많은 편은 아니다. 이런 영향으로 소프트웨어 특허라는 용어도 최근에야 등장했다.

제4차 산업혁명의 시대가 도래 하면서 소프트웨어가 하드웨어를 지배하는 기술로 바뀌어 가고 있다. 제4차 산업혁명의 키워드인 사물인터넷IoT, 클라우드 컴퓨팅, 빅데이터, 인공지능이 모두 소프트웨어와 관련 있다. 그러나 소프트웨어는 그 개발주기가 매우 짧고 모방의 위험성이 많기 때문에 국내 기업들은 자사의 핵심 소프트웨어 기술을 법과 제도로 보호하는 방안을 모색하는 것은 중요한 전략일 수도 있다. 흔히 소프트웨어는 저작권, 영업비밀보호권, 그리고 특허권으로 보호받을 수 있는데, 아직도 일부 소프트웨어 개발자들은 특허 등록절차의 복잡성, 시간과 비용의 문제로 인해 소프트웨어를 특허로 보호하는 데 대한 거부감을 갖고 있는 것 같다. 그렇다면 이런 현상이 비단 우리나라만의 문제인지, 세계 주요국들은 어떻게 보호하고 있는지 연구할 필요가 있다.

현재의 소프트웨어를 둘러싼 산업 환경이 변화되고 있는 상황에서 일부 국가에서는 국가별 산업 환경에 맞춰 소프트웨어에 관한 특허 심사 실무를 변경하려는 움직임을 보이고 있다. 그래서 이 책에서는 최근 소프트웨어 특허에 대한 세계 주요국 특허청의 심사 실무 및 사례를 비교 분석했다. 세계 주요국들은 소프트웨어 기술을 특허로 어떻게 보호하고 있는지, 세계 주요국의 보호 방식은 어떤 점이 유사하고 다른지 비교 분석했다.

이 책의 구성

이 책은 크게 3개의 장으로 구성된다. 먼저 소프트웨어 특허의 정의를 설명하고, 한국, 일본, 미국, 유럽, 중국의 소프트웨어 특허의 적격성, 소프트웨어 특허에 대한 청구범위의 명확성에 대해 각 국가별 특허제도 및 특허 심사 실무의 사례를 비교 분석해 설명한다.

1장, 소프트웨어 특허란 무엇인가

소프트웨어 특허란 무엇인가? 왜 소프트웨어 특허가 필요한지 이해하기 위해서는 지난 역사 속에서 소프트웨어 특허의 발전과 법적 보호의 흐름을 살펴볼 필요가 있다. 미국, 일본, 유럽은 왜 반대에도 불구하고 소프트웨어 특허를 탄생시켰는지, 공개 소프트웨어 개발자들은 왜 소프트웨어 특허를 반대하는 것인지를 함께 살펴볼 필요가 있다.

2장, 소프트웨어 특허 적격성에 대한 특허제도와 심사 실무

국제법적이고 표준화된 특허법제에서는 세계 주요국의 특허제도와 심사 실무가 매우 유사하지만, 가장 후발적으로 발전한 소프트웨어 특허만은 아직도 국가의 산업발전의 상황에 따라 그 인정범위가 다르다. 한국, 일본, 미국, 유럽, 중국 특허청에서의 소프트웨어 특허에 대한 심사 실무를 비교 분석해 무엇이 유사한지, 어떤 부분이 다른지 살펴볼 필요가 있다.

3장, 소프트웨어 특허 청구범위 명확성에 대한 특허제도와 심사 실무

소프트웨어 특허는 그 발명의 특수성 때문에 청구범위로서 보호받고자 하는 대상이 유형적이지 않고, 주로 기능적으로 표현될 수밖에 없다. 기능적 표현은 항상 해석의 다양성을 내포하고 있으므로, 청구범위의 명확성 요건은 특허청 심사과정에서 가장 많은 거절이유의 항목이기도 하다. 소프트웨어를 특허받기 위해 어떻게 청구범위를 작성해야 하는지, 어떤 표현을 피해야 하는지 심사 실무를 중심으로 살펴본다.

이 책의 대상 독자

① **국내 IT기업 또는 소프트웨어 기업의 특허 담당자** 자사의 특허가 각국의 특허 심사 실무상 어떻게 진행되는지 정확히 파악하기 어렵고, 변리사들에게만 위임하기에는 너무나 답답하다. 우리나라뿐만 아니라 일본, 미국, 유럽, 중국 등에서 특허받기 위해 청구범위를 어떻게 작성해야 하는지 어떻게 보정해야 등록 가능한지 특허청 심사관의 관점에서 한눈에 쉽게 파악할 수 있다는 점에서 이 책은 그 활용 가치가 높다.

② **국내 변리사** 특허제도는 그 절차가 매우 복잡하고 기술적인 사항이 많아서 전공 기술 분야에 따라 특허제도의 관심과 이해의 정도는 다르다. 그러나 최근의 산업 기술은 융복합화 추세이므로 소프트웨어 기술도 포함될 수밖에 없다. 특허출원 명세서를 작성하기 전에 소프트웨어 특허심사기준을 이해할 필요가 있다. 특히 PCT를 준비하는 변리사라면 명세서 작성 전에 이 책에서 소개하는 세계 주요국의 심사기준을 참고할 필요가 있다.

③ **지식재산권에 관심이 있는 교수 및 학생** 소프트웨어 기술을 특허 보호하기 위한 법조문이 무엇인가? 그 판례는 산업 기술의 흐름 속에 어떻게 변화했는가? 소프트웨어 기술에 대한 세계 주요국의 특허 보호 방식에는 무엇이 공통이고, 어떠한 차이가 있는지 연구하는 데 참고할 만하다.

④ **공공기관 및 그 유관기관의 지식재산권 담당자**

1

소프트웨어 특허란 무엇인가

1. 소프트웨어의 이해

2016년 1월에 열린 제 46회 다보스포럼에서는 「4차 산업혁명의 이해」라는 주제로 심도 있는 회의가 진행되었다. 급속도로 발전하는 ICT 기술로 인해 전통 산업과 사회 구조는 해체 수준의 도전에 직면할 것이고, 디지털 영역, 생물학적 영역, 물리적 영역 간 경계가 허물어지는 '기술 융합'이 도래하면서 새로운 사회로의 변화를 가속화할 것이라는 점에서 4차 산업혁명에 대한 관심이 급증하고 있다.

4차 산업혁명 시대에서는 인터넷을 통해 인공지능이 실재實在와 가상의 세계를 연결시켜줌으로써 사물을 자동적, 지능적으로 제어할 수 있는 가상의 시스템이 구축될 것으로 예상된다. 4차 산업혁명의 기본 메커니즘인 자동화automation와 연결성connectivity을 향상시키는 것은 소프트웨어를 통해서만 가능하다. 결국 소프트웨어 기술력 확보는 4차 산업혁명의 필수적인 전략일 수밖에 없다.

전 세계는 지금 소프트웨어 개발을 국가의 미래 전략으로 삼고 추진하고 있다. 인더스트리 4.0을 최초로 주장해온 독일은 사물인터넷[IoT, Internet of Things]을 기반으로 생산, 서비스, 물류를 통합 관리하는 스마트 공장의 구축을 유럽 전체에 확산함으로써 유럽의 제조 경쟁력 향상을 이끌겠다는 야심찬 전략을 추진하고 있다. 미국은 애플, 구글, 테슬라 같은 혁신 기업들이 중심이 되어 IT/자동차 등의 하드웨어와 소프트웨어의 기술 진화 속도를 높여 세계 최고의 소프트웨어 강국의 위상을 유지하겠다는 전략이다. 일본은 정부 주도로 경쟁 우위에 있는 로봇 기술을 활용해 저출산, 고령화를 대비한 로봇 산업을 집중 육성하는 일본형 4차 산업혁명을 개척하는 전략을 추진 중이다. 후발 주자인 중국은 '중국제조2050'와 '인터넷 플러스 전략'을 통해 중국 내 제조업 하드웨어 부문의 추격자[fast-follower] 전략의 한계를 돌파하기 위해 인터넷, ICT 기술과 전통 산업을 융합하고, 로봇, 인공지능[AI]의 투자를 강화함으로써 신성장 동력을 창출하기 위해 노력하고 있다.[1]

우리나라도 2000년부터 소프트웨어산업진흥법[2]의 제정과 개정을 통해 소프트웨어를 지식 기반 사회의 부를 창출할 중요 수

---

1. 출처: ISSUE& FOCUS on IP 이슈페이퍼, 이성기, "4차 산업혁명 시대에 대응하는 IP의 역할", 2016.9.16

2. 1987년 12월, 소프트웨어개발촉진법이라는 명칭으로 법률 제3984호로 제정·공포된 후 1995년 12월 6일, 법률 제4997호로 전문 개정됐고, 2000년 1월 21일, 법률 제6198호로 전문 개정되면서 소프트웨어산업진흥법으로 명칭이 바뀌었다. 소프트웨어 산업의 진흥에 필요한 사항을 정해 소프트웨어 산업 발전의 기반을 조성하고 소프트웨어 산업의 경쟁력을 강화함으로써 국7민 생활의 향상과 국민 경제의 건전한 발전에 이바지함을 목적으로 한다.

단으로 인식했고, 국가 산업의 중요 전략으로써 소프트웨어 발전을 도모하고 있다. 미래창조과학부는 소프트웨어 인력 양성을 바탕으로 하는 소프트웨어 중심 사회를 선포하고, 소프트웨어 산업 생태계 환경 개선에 노력하고 있다.

4차 산업혁명에 앞장서는 주요국		
국가	특징
독일	Industry 4.0 주장, 사물 인터넷을 기반으로 생산, 서비스, 물류 통합 관리하는 스마트 공장 구축
미국	혁신 기업들이 소프트웨어의 기술 진화 가속도
일본	정부 주도로 로봇 산업 집중 육성
중국	'인터넷 플러스 전략'을 통해 로봇, AI 투자 강화

그림 1-1 세계 주요국의 4차 산업혁명 전략

1.1 소프트웨어의 역사

소프트웨어는 1946년 컴퓨터의 탄생과 더불어 등장했으며, 현재까지 과학 기술, 비즈니스 영역 등 다양한 분야에서 생산성 향상과 고도화, 그리고 미래 기술 경쟁 우위 선점을 위한 핵심 요소로 그 중요성을 더해가고 있다.[3]

초기 소프트웨어의 개발은 군사적인 목적하에 과학 기술에 필요한 단순 계산이나 데이터의 처리에 활용하기 위함이었으나, 컴퓨터 산업이 발전함에 따라 정보산업으로 점차 확장돼 2000년

---

3. 출처: 박수용, 『국가 소프트웨어 경쟁력 향상 방안 연구: SW Roadmap』 과학기술정책연구원, 2012.

대에 이르러서는 통신, 자동차, 의료산업 등과의 융·복합 환경에서 다양하게 활용돼 발전되고 있다.

소프트웨어 제품은 60년대에는 하드웨어 제품에 포함돼 판매되다가 80년대에는 개별 제품으로 분리돼 CD 등의 라이선스 제품 형태로 판매됐고, 21세기 이후 DRM^{Digital Rights Management, 디지털}_{저작권 관리} 기술 발전에 따라 네트워크 기반 온라인으로 판매되고 있다.

소프트웨어는 초기에 컴퓨터를 작동시키는 운영체제로만 주로 활용됐지만, 최근에는 소프트웨어와 제어 시스템, 통신 네트워크를 융합한 새로운 스마트 서비스가 등장했다. 스마트 제품들의 인기가 상승하자 기업들은 소프트웨어를 새로운 부가가치 창출의 수단으로 인식하고, 미래를 위해 인공지능, 빅데이터 등의 기술 개발에 투자를 서두르고 있다.

소프트웨어 기술은 무형의 지적 자산과 접목해 ① 서비스 고부가가치화, ② 산업 내·산업 간 융·복합을 통한 전통 산업 경쟁력 강화, ③ 과학, 에너지, 의료 등과 융합돼 거대 신^新산업 창출이라는 역할을 수행하고 있다. 지식화, 지능화 추세인 현재의 산업 환경에서 소프트웨어 원천 기술과 응용 서비스 확보가 국가와 기업의 미래 경쟁력을 결정하는 중요한 요인이 되고 있다.

소프트웨어는 패키지 소프트웨어, IT 서비스, 임베디드 소프트웨어 등으로 산업상 분류되고 있으며, 기능적으로는 시스템 소프트웨어, 온라인 서비스 소프트웨어, 지능형 소프트웨어, 실감형 소프트웨어, 임베디드 소프트웨어 등으로 분류되고 있다.

국내 소프트웨어 시장 규모는 113.4억 달러(2015년 기준)[4]로 글로벌 16위 수준으로, 세계 Top 20개 국가 중에서 차지하는 비중이 1% 수준으로 매우 낮다. IT 강국의 위상에 걸맞지 않다는 평가가 있지만, 정부 및 기업들이 국내 소프트웨어 산업의 도약을 위한 정책 및 투자를 지속적으로 추진하고 있는 만큼 세계 최고 수준인 국내 IT 산업과 시너지 효과를 발휘한다면 조만간 의미 있는 성과를 나타낼 수 있을 것이라 예상된다.

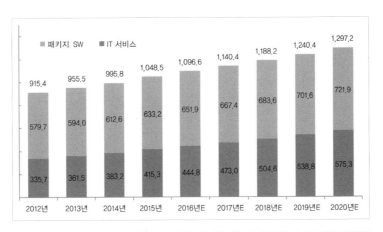

그림 1-2 세계 소프트웨어 시장 규모 및 추이(단위: 억 달러)(출처: 소프트웨어 정책연구소, 2015 소프트웨어 산업 연간 보고서)

---

4. 출처: 소프트웨어 정책연구소, 2015 소프트웨어 산업 연간 보고서, https://spri.kr

구분		2015			CAGR
순위(변화)	국가	시장 규모	비중	성장률	('10–'15)
1(–)	미국	4,697.4	41.8%	4.3%	3.8%
2(▲1)	영국	825.7	7.3%	3.5%	1.8%
3(▼1)	일본	773.5	6.9%	3.2%	2.1%
4(–)	독일	666.6	5.9%	3.9%	3.0%
5(–)	프랑스	480.9	4.3%	2.4%	1.4%
6(▲1)	중국	344.6	3.1%	9.2%	9.2%
7(▼1)	캐나다	323.8	2.9%	4.6%	4.0%
8(–)	브라질	265.4	2.4%	17.8%	10.4%
9(–)	오스트레일리아	238.9	2.1%	1.7%	2.5%
10(–)	이탈리아	206.4	1.8%	1.8%	−0.2%
11(–)	네덜란드	205.6	1.8%	3.6%	1.8%
12(–)	스페인	177.5	1.6%	2.5%	0.0%
13(–)	스위스	148.7	1.3%	3.0%	2.4%
14(–)	스웨덴	139.9	1.2%	4.1%	3.3%
15(▲1)	인도	129.6	1.2%	8.7%	8.6%
16(▲1)	한국	113.4	1.0%	2.5%	3.2%
17(▼2)	러시아	99.6	0.9%	−8.9%	7.5%
18(–)	멕시코	97.1	0.9%	12.0%	9.2%
19(–)	덴마크	93.7	0.8%	2.8%	2.3%
20(–)	벨기에	85.6	0.8%	2.7%	1.7%
Worldwide		11,239.7	100.0%	4.4%	3.6%

자료: IDC Worldwide Blackbook(2016.2)

그림 1-3 세계 주요국 소프트웨어 시장 규모(단위: 억 달러, %)(출처: 소프트웨어 정책 연구소, 2015 소프트웨어 산업 연간 보고서)

2. 소프트웨어의 정의와 법적 보호

소프트웨어[5]라는 용어가 언제부터 등장했는지 정확히 알려진 바는 없지만, 하드웨어와 반대되는 개념으로 인식되고 있다. 흔히 소프트웨어를 컴퓨터 프로그램과 동일하게 취급하는 경향이 있

---

5. 소프트웨어는 컴퓨터 프로그램 이외에 그것이 특정 형태로 구체화된 수학적 과정 내지 알고리즘 및 플로우차트(flow chart)와 프로그램 매뉴얼(manual) 등을 포함한 광의(廣義)의 개념으로 설명되고 있다(인용: 조영선, 『특허법』, 박영사(2006), 11면).

으나, 엄밀하게는 구별돼야 함이 타당하다.

소프트웨어는 사용자의 입장에 따라 개념을 달리 해석할 여지가 있으므로 정확하게 정의를 규정짓기 어렵지만, 2000년에 제정된 '소프트웨어산업진흥법'에 의한 소프트웨어의 정의 규정을 참고할 필요가 있다. 소프트웨어산업진흥법 제2조에서 『소프트웨어』란 '컴퓨터, 통신, 자동화 등의 장비와 그 주변장치에 대해 명령·제어·입력·처리·저장·출력·상호작용이 가능하게 하는 지시·명령(음성이나 영상 정보 등을 포함한다)의 집합과, 이를 작성하기 위해 사용된 기술서나 그 밖의 관련 자료'로 정의하고 있다. 이를 참고하면 소프트웨어는 프로그램을 통해 컴퓨터와 주변장치의 기능을 작동시키는 기술과 매뉴얼 정도로 이해하고 있으면 충분할 것 같다. 저작권법에서 소프트웨어에 대한 정의는 없으나, 유사한 용어로 '컴퓨터프로그램저작물'은 특정한 결과를 얻기 위해 컴퓨터 등 정보처리 능력을 가진 장치(이하 '컴퓨터'라 한다) 내에서 직접 또는 간접으로 사용되는 일련의 지시·명령으로 표현된 창작물로 정의하고 있다.

특허법에서의 소프트웨어에 대한 정의는 '3. 소프트웨어 발명과 특허'에서 구체적으로 다룬다.

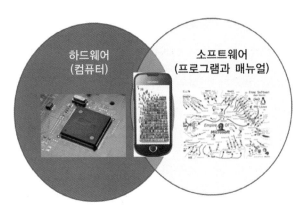

그림 1-4 소프트웨어와 하드웨어와의 관계

2.1 소프트웨어는 특허법, 저작권법, 영업비밀보호법의 보호대상

과거에는 소프트웨어는 하드웨어를 작동시키는 운영체제로 알고리즘의 논리적 표현을 컴퓨터 프로그래밍 언어를 통해 소스코드 형태로 작성한 결과물로서 저작물 형태로 인정돼 저작권법[6]의 영역에서 컴퓨터 프로그램 저작물을 보호해 왔다. 그러나 최근에는 소프트웨어는 저작권법뿐만 아니라, 영업비밀보호법[7], 특허법 등으로 다양하게 보호가 가능하다.

특허법, 저작권법, 영업비밀보호법의 보호대상을 살펴보면 특허법은 소프트웨어 발명자의 기술적 사상, 즉 아이디어를 보호

---

6. '컴퓨터 프로그램 저작물'은 특정한 결과를 얻기 위해 컴퓨터 등 정보 처리 능력을 가진 장치(이하 '컴퓨터'라 한다) 내에서 직접 또는 간접으로 사용되는 일련의 지시·명령으로 표현된 창작물을 말한다(저작권법 제2조 제16호).

7. '영업 비밀'이란 공공연히 알려져 있지 아니하고 독립된 경제적 가치를 갖는 것으로, 상당한 노력에 의해 비밀로 유지된 생산 방법, 판매 방법, 그 밖에 영업 활동에 유용한 기술상 또는 경영상의 정보를 말한다(영업비밀보호법 제2조 제2호).

하며, 이는 알고리즘, 플로우차트, 시스템 구조도 등으로 구체화돼 특허출원이 가능하다. 저작권법은 소프트웨어 발명자가 직접 작성한 소스코드를 보호하는 것이 원칙이며, 소스코드를 표절해 구조/순서/조직이 비슷한 경우에도 저작권 침해를 인정하고 있다. 영업비밀보호법은 비밀로 관리해 온 소프트웨어 발명자의 기술적 사상이나 소스코드를 도용한 경우에 영업 비밀 침해를 인정하고 있다. 이들 법률은 모두 각 법률상의 침해 행위에 대해 형사처벌 및 손해배상 조항을 규정하고 있다.

구체적으로 소프트웨어를 특허법, 저작권법, 영업비밀보호법으로 보호함에 있어서의 장단점을 살펴보면 다음과 같다.

보호대상의 경우 특허법에서는 아이디어(알고리즘), 저작권법은 표현(소스코드), 영업비밀보호법은 비공개 상태인 기술과 경영 정보(아이디어 포함)다. 보호 기간의 경우 특허법은 출원일로부터 20년, 저작권법은 저작자 사후 70년, 영업비밀보호법은 비밀기간 내이며 통상 1년~5년 정도다.

법적 보호를 위한 필요조건의 경우 특허법은 발명의 성립성, 신규성, 진보성 등이 필요하고, 저작권법은 타 저작물의 저작권을 침해하지 않기 위한 창작성, 의거성, 실질적 유사성 등이 필요하며, 영업비밀보호법에서는 비밀의 경제적 가치나 효용의 존재가 필요하다. 효력 기간의 시작 시점은, 특허법은 특허권 설정 등록 후부터 발생하며, 저작권법은 창작과 동시에 발생하고 별도의 등록 절차가 없으며, 영업비밀보호법에서는 소송에서 이겨야 보호받는다.

구체적으로 장단점을 살펴보면 우선 저작권법은 창작 시 발생하고 등록의 의무가 없으므로 권리의 취득이 매우 쉽지만, 역분석을 통해 알고리즘을 사용하는 것까지는 보호할 수 없고, 침해 시 손해배상액도 높지 않다. 영업비밀보호법은 저작권이나 특허권과 달리 민법에 의한 손해배상 규정만 있으므로 별도의 권리획득 절차가 필요 없지만 침해 시 반드시 소송을 통해야 하고, 해당 소프트웨어 기술이 영업비밀에 해당함을 피해자가 직접 입증해야 하는 어려움이 있다. 특허법은 침해 시 손해배상액이 가장 크고 원천적 알고리즘에 그 권리를 부여하는 것이므로 가장 강력한 보호 수단이지만 특허 취득을 위해서는 까다로운 심사절차를 거쳐야 하고, 특허 등록 유지를 위해서도 상당한 비용이 필요하다.

따라서 침해 시 산정되는 손해배상액만을 고려하면 법적 보호 수단의 파워는 특허법, 영업비밀보호법, 저작권법 순이라 할 수 있다.

이렇듯 소프트웨어의 보호 방식에는 각각의 장단점이 있기 때문에 소프트웨어를 법적으로 보호하는 최선의 방식이 무엇인지는 사실 단언하기 어렵다. 다만 기업은 자사의 기술 수준과 운영 비용 등을 고려해 각자의 상황과 기업 가치관에 따라 보호 방식을 선택하면 될 것이다.

그림 1-5 소프트웨어의 특허법, 저작권법, 영업비밀보호법 등에 의한 보호의 차이 비교(출처: 소프트웨어 정책연구소, 'SW 특허심사기준 개정 논란을 통해 본 SW 특허의 여러 쟁점들' http://spri.kr/posts/view/ 9147?page= 2&code= issue_issue)

소프트웨어는 컴퓨터, 반도체 및 통신 등 ICT 산업의 핵심으로 성장하면서 특허법상 보호를 위해 까다로운 절차와 고비용의 부담에도 불구하고 특허로 보호하는 추세다. 이에 세계 각국은 특허제도하에서 자국의 소프트웨어 기술을 특허 보호의 대상으로 인정하고 특허권자의 권리 보호를 강화하는 노력을 하고 있다.

2.2 소프트웨어의 특허성

국가별로 각국의 특허청은 발명이 특허받기 위한 요건을 법제화하고 심사관에 의한 심사 제도를 운영하면서 특허받기 위한 요건을 만족하는 발명에 국한해 특허를 인정하고 있다.

특허법상 발명이 특허받기 위한 요건은 강학상 용어로 특허성 patentability이나 특허 요건으로 표현되고, 특허성에는 주로 특허 적격성, 신규성, 진보성, 발명을 기술한 명세서와 청구범위의 명확성 등이 포함된다.

특허 적격성의 의미는 특허법상 특허 보호대상인지 여부를 판단하는 기준인데, 미국, 유럽, 중국에서는 법정 주제의 범주에 해당해야 특허 적격성을 충족하는 것으로 보며, 우리나라와 일본의 심사 실무에서는 특허 적격성의 용어 대신에 발명의 성립성으로 일컬어지고, 발명의 정의 규정에 따른 산업상 이용 가능성에 부합해야 특허 적격성을 충족하는 것으로 본다.

소프트웨어 발명의 특허성 판단에서 주된 쟁점은 특허 적격성과 청구범위의 명확성이다. 이 책에서는 세계 주요국의 소프트웨어의 특허를 비교하기 위해 먼저 각국의 소프트웨어 특허 적격성을 비교 분석했고, 청구범위의 명확성도 분석했다. 국가별로 소프트웨어 특허 적격성의 판단 방법 차이와 청구범위 명확성의 판단 기준은 다음에 나오는 장들에서 자세히 검토한다.

3. 소프트웨어 발명과 특허

3.1 소프트웨어 발명

소프트웨어 특허를 이해하기 위해서는 먼저 소프트웨어 발명을 이해해야 한다. 특허는 발명에 대해 독점·배타적 권리를 국가에서 부여하는 권리며, 특허청 심사관들의 심사를 통해 일정한 요건을 갖춘 발명에 대해서 제한적으로 특허를 부여하고 있다. 이런 점이 무심사 제도를 채택하고 있는 저작권과의 다른 특징 중 하나다. 따라서 소프트웨어 특허가 되기 위해서는 우선 소프트웨어 발명으로 인정되어야 함은 필수 요건이라고 할 수 있다.

발명은 자연법칙을 이용한 기술적 사상의 창작

발명이란 무엇인가? 우리 특허법 제2조에서 "발명은 자연법칙을 이용한 기술적 사상의 창작으로서 고도한 것"으로 정의하고 있다. 우리 특허법에서 발명의 정의는 19세기 말 독일 법학자 콜러Kohler에 의한 발명의 정의[8]를 반영한 일본 특허법의 발명의 정의를 전수받아 적용한 것이고, 이는 현재까지 유지되고 있다.

우리나라에서는 컴퓨터와 소프트웨어가 20세기 후반에서야 본격적으로 등장한 신기술임에도 불구하고 하드웨어와 반대의 개념을 갖는 소프트웨어 발명을 19세기에 정립된 하드웨어 중심의 발명 정의 규정에 맞춰 해석하려다 보니 명쾌하게 설명이 되지 않는다. "소프트웨어가 발명의 대상인지? 발명의 대상이라면 왜 발명의 대상이 될 수 있는지? 소프트웨어 발명은 어떻게 특허로 보호하는 것이 타당한지?"에 대한 명확한 연구가 부족하다 보니 소프트웨어 발명에 대해서는 항상 논란이 존재하고, 이에 따라 소프트웨어 산업계에 소프트웨어 특허의 필요성에 대한 공

---

8. Kohler는 "발명이라 함은 자연력을 이용해 자연을 제어함으로써 기능적 효과를 야기하고 그로써 인간의 요구를 충족시키는 것으로, 기술(技術)적으로 표현된 사상(思想)의 창작"으로 정의했다(인용: 박준석, 『우리 특허법상 '발명'의 개념에 관한 고찰』, 서울대학교法學, 제54권 제3호 2013.8.30. 801면).

감이 부족한 면도 있는 것 같다.

특허제도를 운영하고 있는 세계 주요국들은 앞선 발명의 정의에 대한 규정의 한계점을 인식하고 우리나라나 일본과 같이 특허법에 별도로 발명의 정의 규정을 두지 않은 채 특허제도를 운영하고 있다. 산업과 기술이 고도화되어 감에 따라 그 기술을 표현하는 발명의 개념과 형태도 무척 다양해지고 일의적一義的으로 법으로 정의하기 곤란하며, 소프트웨어 발명 등과 같이 새로이 등장하는 기술에 탄력적으로 대응하기가 곤란하기 때문이다. 그래서 일본은 일반적인 특허법상 발명의 정의 규정으로 소프트웨어를 보호하는 데 한계점이 있음을 파악하고, 2002년 특허법을 개정하고 '컴퓨터 프로그램'을 발명과 특허의 대상으로 포함시킴으로써 더 이상의 소프트웨어 특허의 논쟁은 없었다. 그러나 유사한 법제를 운영하고 있는 우리나라는 그러한 제도적 변화가 없었기에 지금까지 소프트웨어 특허에 대한 논쟁은 여전히 남아있을 수밖에 없다.

반면에 미국은 특허법에서 발명을 '발명invention 또는 발견discovery'으로 모호하게 정의[9]함으로써 발명의 정의 규정을 탄력적으로 해석할 수 있으며, 유럽 및 중국의 경우에도 발명에 대한 정의 자체를 내리지 않은 채 발명이 아닌 것을 한정적으로 열거하는 입법 태도를 취하고 있다. 미국, 유럽, 중국은 새로운 기술을 발명으로 취급할 것인지 여부를 성문법적 해석이 아닌 판례

---

9. 35 USC 100(a): The term "invention" means invention or discovery.

나 학설에 따르는 경향을 취하고 있다. 따라서 미국이나 유럽에서는 특허법상 발명의 정의 규정을 두고 있는 한국, 일본보다는 더 유연하게 대응할 수 있다는 점에서 소프트웨어가 특허 대상인지에 대한 논쟁도 그리 심하지 않는 것 같다.

하드웨어는 소프트웨어 발명의 필수품

우리 특허법에서는 무형물인 소프트웨어가 유형물인 하드웨어를 통해 기술적 사상을 구현하는 경우에만 자연법칙을 이용한 소프트웨어 발명으로 인정받을 수 있다. 무형의 소프트웨어 기술 자체만으로는 절대 물리적 변화를 야기할 수 없고, 유형의 하드웨어를 통해 구현될 때에만 비로소 가시적인 물리적 변화를 보여줄 수 있다. 그 물리적 변화는 자연법칙을 이용한 결과로 인해 발생한 것으로 쉽게 이해될 수 있기 때문에 세계의 주요국가가 공통적으로 소프트웨어 발명과 하드웨어와의 관련성을 필연적으로 요구하고 있다.

소프트웨어 발명의 정의

소프트웨어에 대한 특허법상 정의가 명확하게 없다보니 소프트웨어 발명을 컴퓨터 구현 발명, 컴퓨터 프로그램 관련 발명 등의 일종으로 보기도 한다.

소프트웨어에 대한 특허의 정의 규정은 특허청 특허실용신안 심사기준의 '제9부 기술 분야별 심사기준' 아래 '제10장 컴퓨터 관련 발명'에서 찾아볼 수 있다.

특허심사기준은 특허청 심사관이 특허심사업 시 활용하는 기준으로 세계 주요국 특허청은 특허제도의 운영에 특허심사기준을 활용하고 있다. 특허청 특허심사기준에 따르면 소프트웨어는 다음과 정의된다.

소프트웨어: 컴퓨터에서 하드웨어를 움직이는 기술

그러나 이런 정의가 현재의 소프트웨어 환경을 고려한 명확한 정의인지에 대해서는 동의하기 어렵다. 하드웨어를 움직인다는 표현은 매우 추상적이고, 소프트웨어를 반드시 하드웨어를 움직이는 기술로 한정할 수도 없기 때문이다.

자연법칙을 이용한 기술적 사상에만 특허가 부여된다는 점과 하드웨어를 통해 구현될 때 발명으로 인정될 수 있는 점을 고려하면 특허법에서 인정하는 「소프트웨어 발명」이란 '컴퓨터, 통신, 자동화 등의 장치와 그 주변장치에 대해 명령·제어·입력·처리·저장·출력·상호작용이 가능하게 하는 지시·명령(음성이나 영상정보 등을 포함)으로 특정의 기능이 구현되는 발명'으로 정의하는 것이 더 타당하다고 생각한다.

이 책에서 소프트웨어 발명은 다음과 같은 발명을 포함한다.

① **컴퓨터 구현 발명**(computer implemented invention) 소프트웨어가 컴퓨터를 이용하거나 컴퓨터를 통해 특정의 기능이 구현되는 발명

② **영업방법 발명**(business method invention) 컴퓨터 및 통신

네트워크 등과 연결되고 영업방법을 소프트웨어적인 프로세스로 구현하는 발명

컴퓨터 구현 발명의 경우에는 그 발명에 기술적인 특징이 존재하는지 여부와 그 기술적인 특징의 정도에 따라 특허 등록 가능성이 좌우된다. 사실 컴퓨터 구현 발명의 경우 소프트웨어 특허성의 논란에서 조금 벗어나 있다고 볼 수 있는데, 그 이유는 컴퓨터 장치를 통한 물리적 변화의 발생 여부 판단이 쉽기 때문이다.

반면에 영업방법 발명은 논란의 중심에 있는데, 우리나라를 포함한 일부 국가에서는 영업방법 관련 소프트웨어 특허를 매우 제한적으로 인정하고 있으며, 일부 국가에서는 전혀 특허를 부여하지 않고 있다. 영업방법 발명이 하드웨어를 통해 구현되더라도 그 발명에 인간의 정신적 판단행위나 순수한 영업방법에 관한 경우에는 특허를 받을 수 없다. 특허 가능한 영업방법 발명은 통상 네트워크가 연결된 컴퓨터상에 구현되고 소프트웨어적인 프로세스(즉 알고리즘)에 발명의 특징이 있는 경우에 한한다. 소프트웨어적인 프로세스(즉 알고리즘)를 포함하는 영업방법 발명은 소프트웨어 발명의 범주에 속한다고 볼 수 있다.

3.2 소프트웨어 발명의 대상

소프트웨어 발명의 대상으로 무엇이 있을까? 발명하고자 하는

이유(목적)와 풍부한 상상력(아이디어)만 있다면 소프트웨어 발명의 대상은 무제한이라고 볼 수 있다.

소프트웨어 발명은 반드시 컴퓨터 관련 분야에 국한돼야 하는 것으로 알려져 있으나, 최근 인공지능을 탑재한 자율 자동차 등에 특허가 부여되는 점을 보면 컴퓨터 기술에 한정된다고 볼 수 없다. 또한 소프트웨어 발명은 과학이나 기술적 분야로만 한정되는 것도 아니다. 금융, 문학, 방송 분야 등도 소프트웨어 발명의 대상이 될 수 있다. 은행의 컴퓨터를 이용한 전산화 시스템이나, 문학 작품에서 저작권 위배를 검증하기 위한 유사성 검증 프로그램 등이 대표적인 소프트웨어 발명이다.

최근 젊은 층들 사이에서 인기 있는 웹툰web toon도 소프트웨어 발명의 대상이다. 예를 들면 현재의 웹툰은 스토리 및 만화 그림이 작가에 의해 창작되고 인터넷을 통해 서비스한다. 여기까지의 과정만으로는 발명으로 인정받기 곤란하다. 그런데 인공지능의 발달로 웹툰의 초기 스토리만 작가에 의해 창작되고, 이후 진행 및 결론 부분에서는 인공지능에 의해서 독자들의 의견을 반영하는 독자 참여형 웹툰 서비스도 출현할 수 있을 것이다. 이것도 소프트웨어 발명이라고 할 수 있다. 이렇듯 소프트웨어 발명은 우리 생활 주변의 모든 것이 그 대상이라고 볼 수 있다.

3.3 소프트웨어 특허 사례

소프트웨어 발명이 어떤 형태로 특허 보호되고 있는지 이해하기 위해서 우선 심사관에 의해 특허심사를 통과해 특허 등록된 소프트웨어 특허의 사례를 살펴볼 필요가 있다.

특허는 명세서, 도면, 청구범위로 구성되고, 특허권은 청구범위에 의해 결정되므로 청구범위가 매우 중요하다. 하지만 청구범위 해석에는 다소 전문적인 식견이 요구되는 바, 특허에 전문지식을 갖지 않은 독자라면 대표 도면 내의 플로우차트flow-chart를 우선 살펴보고 청구범위를 나중에 살펴보는 것이 소프트웨어 특허를 이해하는 데 도움이 될 것이다.

이 책에서 참고 예시로 삼은 첫 번째 소프트웨어 특허는 컴퓨터 구현 발명으로써 ㈜안철수연구소에서 출원해 등록받은 「악성코드 탐지 프로그램에 관한 특허」[10]다.

해당 특허는 "휴대용 단말기의 악성코드를 탐지하는 기법에 관한 것으로, 악성코드 탐지 요청에 따라 휴대용 단말기의 운영체제 계층으로부터 사용 중인 프로세스 정보와 시스템 파일의 바이너리 데이터를 수집하고, 수집된 프로세스 정보와 기 저장된 악성코드 프로세스 정보를 비교한 후 악성코드 여부를 판단하고, 수집된 바이너리 데이터의 해쉬 값과 기 저장된 악성코드 해쉬 값을 비교해 악성코드 여부를 판단함으로써 제한 기능이 해제된 휴대용 단말기의 악성코드를 효과적으로 탐지 및 제거"하는 것이다.

예시로 삼은 두 번째 소프트웨어 특허는 영업방법 발명으로,

---

10. 특허등록번호: 제10-1130088호(등록공고일: 2012.03.19.)

한국식품연구원에서 출원해 등록받은 「식품 품질 모니터링 방법 및 시스템에 관한 특허」[11]다.

해당 특허는 "식품이 적재된 컨테이너 또는 팔레트에 부착되고, 식품의 수송이 시작되면 주기적으로 환경 인자를 센싱하며, 센싱한 환경 인자 값과 환경 인자를 센싱한 시간 및 식품의 제품 정보를 모니터링함으로써 컨테이너 또는 팔레트 단위로 유통된 후 낱개로 판매되는 제품의 품질 변화를 모니터링하고, 품질을 관리하며, 품질 변화에 따라 제품의 가격을 결정함으로써 제품의 재고 감소 및 운영상의 효율화를 도모하는 것"이다.

소프트웨어 특허는 첫째, 내용면에서 하드웨어 장치를 통해 발명에서 구현하고자 하는 알고리즘을 특징으로 청구범위가 작성돼야 한다.

둘째, 형식적인 면에서 소프트웨어 특허는 발명의 범주를 장치, 방법, 그리고 방법을 수행하는 컴퓨터 프로그램이 기록된 컴퓨터 판독 가능한 기록매체 형태로 특허 청구될 수 있다. 장치 발명은 그 구성요소로 기능적으로 동작하는 하드웨어적 요소들을 포함해야 한다. 방법 발명은 「~단계」로 표현되는 구성요소들을 갖추고, 플로우차트에서 알 수 있듯이 각 단계들은 시계열적으로 연결돼야 하며, 또한 방법을 수행하는 컴퓨터 프로그램이 기록된 컴퓨터 판독 가능한 기록매체로도 특허 청구할 수 있다.

---

11. 특허등록번호: 제10-1315902호(등록공고일: 2013.10.01.)

[소프트웨어 특허 예시 1: 악성코드 탐지 프로그램]

[청구항 1]

제한 기능이 해제된 휴대용 단말기의 어플리케이션 계층에 설치되며, 악성코드 탐지를 위한 인터페이스를 제공하는 인터페이스 블록과,

상기 휴대용 단말기의 운영체제 계층에 설치되며, 상기 인터페이스 블록으로부터 상기 악성코드 탐지가 요청되면, 상기 운영체제 계층에서 사용 중인 프로세스에 대한 프로세스 정보와 시스템 파일의 바이너리 데이터를 수집해 기 저장된 악성코드 프로세스 정보 및 기 저장된 악성코드 해쉬 값과 비교한 후에 상기 프로세스 또는 시스템 파일에 대한 악성코드를 탐지하는 코어 블록을 포함하며,

상기 코어 블록은 상기 운영체제 계층과 시스템 콜(system call)을 통해 상기 프로세스 정보 또는 상기 바이너리 데이터를 수집하는 <u>악성코드 탐지 장치</u>

[청구항 2]

악성코드 탐지가 요청되면 제한 기능이 해제된 휴대용 단말기의 운영체제 계층에서 사용 중인 프로세스에 대한 프로세스 정보를 수집하는 단계와,

상기 수집된 프로세스 정보와 기 저장된 악성코드 프로세스 정보를 비교해 상기 프로세스에 대한 악성코드 여부를 검사하는 단계와,

상기 운영체제 계층에서 시스템 파일의 바이너리 데이터를 수집하는 단계와,

상기 수집된 바이너리 데이터와 기 저장된 악성코드 해쉬 값을 이용해 상기 시스템 파일에 대한 상기 악성코드 여부를 검사하는 단계를 포함하며,

상기 프로세스 정보 또는 상기 바이너리 데이터는, 상기 운영체제 계층과 시스템 콜(system call)을 통해 수집되는 <u>악성코드 탐지 방법</u>

[청구항 3]

제 2항의 악성코드 탐지 방법을 수행하는 컴퓨터 프로그램이 기록된 <u>컴퓨터 판독 가능한 기록매체</u>

[소프트웨어 특허 예시 1: 악성코드 탐지 프로그램]

[대표 도면]

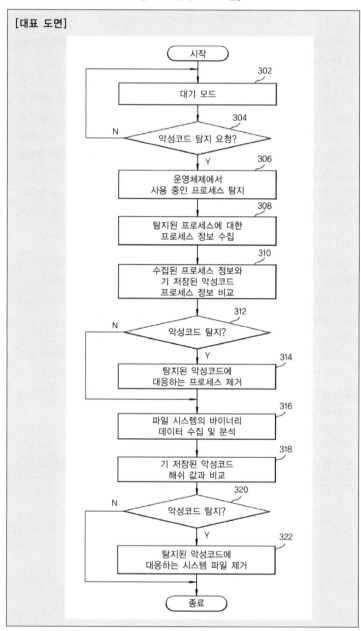

[소프트웨어 특허 예시 2: 식품 품질 모니터링 방법 및 시스템]

[청구항 1]

식품이 적재된 컨테이너 또는 팔레트에 부착되고, 식품의 수송이 시작되면 미리 설정된 시간 간격으로 환경 인자를 센싱하고, 센싱한 환경 인자 값이 미리 설정된 환경 인자 값 범위에 포함되지 않으면 센싱할 시간 간격을 조정해 환경 인자를 센싱하며, 센싱한 환경 인자 값과 환경 인자를 센싱한 시간 및 식품의 제품 정보를 센서태그 리더기로 전달하는 센서태그,

상기 센서태그로부터 상기 센서태그가 센싱한 환경 인자 값과 환경 인자를 센싱한 시간 및 식품의 제품 정보를 전달받아 유통업체 서버로 전달하는 센서태그 리더기,

상기 센서태그 리더기로부터 상기 센서태그가 센싱한 환경 인자 값과 환경 인자를 센싱한 시간 및 식품의 제품 정보를 전달받아 식품 품질 모니터링 서버로 전달하는 유통업체 서버 및

상기 유통업체 서버로부터 전달받은 상기 센서태그가 센싱한 환경 인자 값과 환경 인자를 센싱한 시간 및 식품의 제품 정보 중 적어도 하나를 기반으로 각 식품별 하나 이상의 품질지표에 대한 특정 온도에서 단위시간당 변화하는 값인 반응속도 상수, 반응차수, 활성화 에너지, 온도 계수 및 평균동력학적온도 중 적어도 하나를 포함하는 수식을 이용해 식품의 품질지수를 측정하고, 식품에 대응되는 바코드 정보 또는 전자태그 정보, 및 측정한 식품의 품질지수를 상기 유통업체서버로 전달하는 식품 품질 모니터링 서버를 포함함을 특징으로 하는 <u>식품 품질 모니터링 시스템</u>

[청구항 2]

식품이 적재된 컨테이너 또는 팔레트에 부착되는 센서태그가 식품의 수송이 시작되면 미리 설정된 시간간격으로 환경 인자를 센싱하고, 센싱한 환경 인자 값이 미리 설정된 환경 인자 값 범위에 포함되지 않으면 센싱할 시간간격을 조정해 환경 인자를 센싱하며, 센싱한 환경 인자 값과 환경 인자를 센싱한 시간 및 식품의 제품 정보를 센서태그 리더기로 전달하는 (a)단계,

센서태그 리더기가, 상기 센서태그로부터 상기 센서태그가 센싱한 환경 인자 값과 환경 인자를 센싱한 시간 및 식품의 제품 정보를 전달받아 유통업체 서버로 전달하는 (b)단계,

유통업체 서버가, 상기 센서태그 리더기로부터 상기 센서태그가 센싱한 환경 인자 값과 환경 인자를 센싱한 시간 및 식품의 제품 정보를 전달받아 식품

품질 모니터링 서버로 전달하는 (c)단계,

식품 품질 모니터링 서버가, 상기 유통업체 서버로부터 전달받은 상기 센서태그가 센싱한 환경 인자 값과 환경 인자를 센싱한 시간 및 식품의 제품 정보 중 적어도 하나를 기반으로 각 식품별 하나 이상의 품질지표에 대한 특정 온도에서 단위시간당 변화하는 값인 반응속도 상수, 반응차수, 활성화 에너지, 온도 계수 및 평균동력학적온도 중 적어도 하나를 포함하는 수식을 이용해 식품의 품질지수를 측정하고, 식품에 대응되는 바코드 정보 또는 전자태그 정보, 및 측정한 식품의 품질지수를 상기 유통업체 서버로 전달하는 (d)단계를 포함함을 특징으로 하는 <u>식품 품질 모니터링 방법</u>

[청구항 3]
제 2 항의 식품 품질 모니터링 방법을 수행하는 프로그램이 기록된 <u>컴퓨터 판독 가능한 기록매체</u>

[소프트웨어 특허 예시 2: 식품 품질 모니터링 방법 및 시스템]

[대표 도면]

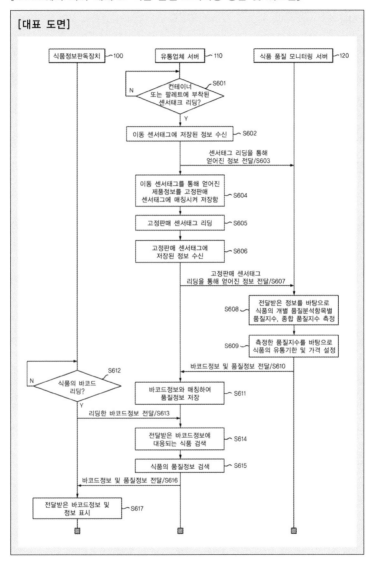

4. 소프트웨어 특허의 논쟁

소프트웨어 발명이 처음부터 쉽게 특허로 인정된 것은 아니었다. 소프트웨어는 특허제도의 탄생 당시에는 존재하지도 않았던 기술이었기 때문에 특허 인정에 대한 찬반의 논란이 있었다. 소프트웨어는 수학공식에 불과한 자연법칙 그 자체이므로 특허를 부여할 수 없다는 소프트웨어 특허 반대론과, 인간에게 새롭고 유용한 것이라면 무엇이든 특허로 보호받아야 하고 소프트웨어도 예외일 수 없다는 소프트웨어 특허 옹호론이 현재까지 대립하고 있다.

1969년, 미국 IBM 사가 컴퓨터 프로그램을 컴퓨터와 분리해 판매하기로 한 후 소프트웨어를 특허 대상으로 삼을 수 있는지 논란이 시작됐다. 1981년, 미국 연방대법원에서 특허 대상 범주를 소프트웨어까지 확장하는 소프트웨어 특허 인정 판결[12]을 계기로 미국 내 소프트웨어 산업에 대한 친특허적 입장[13]은 유지됐고, 이후 일본·유럽·우리나라뿐만 아니라 중국까지 특허심사 실무에서 소프트웨어 발명에 특허를 부여하고 있다.

---

12. 1981년 미국 연방대법원은 Diamond v. Diehr 사건에서 물리적 공정에 응용되는 경우 소프트웨어를 특허의 대상으로 삼을 수 있다고 판결했고, 1998년 미국 연방순회항소법원(CAFC)은 StateStreet Bank v. Signature Financial 사건에서 소프트웨어가 유용하고 구체적이며 유형적인 결과를 가져오는 한 특허로 인정할 수 있다고 함으로써 영업방법 발명도 특허로 인정했다.

13. 1998년 State Street Bank & Trust Co. v. Signature Financial Group, Inc. 판결에서부터 2014년 6월 ALICE vs CLS Bank 연방대법원 판결 전까지 미국법원의 소프트웨어 발명에 대해서 친특허적인 입장을 견지해 왔다.

4.1 특허괴물의 등장

그러나 21세기 들어서면서 소위 특허괴물[NPE, Non-Practicing Entity]들이 소프트웨어 특허를 무기로 미국 내의 기업들을 상대로 하는 소송이 남발되면서 소모적 경제적 비용의 발생이라는 사회적 문제를 야기했다. 2013년 12월, 미국 하원은 특허괴물들에게 특허소송상의 각종 부담을 증가시킨 '혁신법[Innovation Act]'을 통과시켰고, 2014년 2월, 미국 오바마 정부는 특허괴물의 특허 소송 남발 방지를 위한 행정 명령을 발동하기까지 했다. 그러나 특허 소송 개혁 법안은 2014년 7월, 미국 상원에서 결국 통과되지 못했다.

●● 특허괴물

특허괴물은 특허관리전문회사를 말한다. 특허를 상품 생산 등에 활용하지 않으면서 보유 특허를 활용해 소송, 라이선스 등의 특허 비즈니스를 영위하는 기업을 말하며, 초기에는 특허괴물(Patent Troll)로 불렸으나 부정적 어감으로 인해 최근에는 NPE라는 용어를 사용한다. 2014년 1월 기준 미국 내에서 750여 개의 NPE가 활동 중이며, 그중 45개 정도의 NPE가 100개 이상의 특허를 보유하고 있는 것으로 조사됐다.

Entity (TOP 20)	US Patent Publications	Patent Families
Intellectual Ventures	25-30k (Est)	-
Interdigital	3571	1537
Round Rock Research LLC	3487	1195
Wisconsin Alumni Research Foundation (WARF)	2368	1714
Rockstar Consortium LLC	2362	1868

Conversant Intellectual Property Management Inc	2196	1231
Acacia Technologies	1757	755
Rambus	1555	674
Tessera Technologies Inc	1301	635
IPG Healthcare 501 Limited	1052	989
Unwired Planet Inc	1032	901
Walker Digital LLC	888	213
Wi-Lan	847	629
Commonwealth Scientific and Industrial Research Organisation	804	591
Global OLED Technology LLC	799	750
Institute for Information Industry (III)	527	514
STC.UNM (aka Science &Technology Corporation @ UNM)	415	299
Scenera Research LLC	353	289
Intertrust Technologies Corp	325	44
Altitude Capital Partners	289	227

국내 특허관리전문회사로는 인텔렉추얼 디스커버리(Intellectual Discovery)
가 있으며, IP금융을 전문으로 하는 아이디어브릿지 자산운용과 지식
재산 기반 벤처투자를 전문으로 하는 아이디벤처스를 계열사로 두고
있다.[14]

유럽 특허법The European Patent Convention 제52조는 여전히 소프트웨
어는 특허 대상이 아니라고 명시하고 있지만, 특허심사 실무상
으로는 '컴퓨터 프로그램이 프로그램과 컴퓨터 사이에서 통상

---

14. 인용: 전자신문, 2014.7.29.자 "인텔렉추얼디스커버리 출범 4년, IP금융·투자 활성화 첨병된
　　다" 기사

일어나는 물리적 상호작용을 넘는 기술적 특성Technical Effect을 가지는' 소프트웨어에 대해서는 특허를 부여[15]하고 있다.

한편 2002년 2월, 유럽집행위원회European Commission가 제기한 '소프트웨어 특허 법안Software Patents Directive 8'은 2005년 7월 유럽 의회에서 부결됐지만 소프트웨어 특허에 관한 논란은 여전히 진행 중에 있다고 볼 수 있다.

유럽 특허법 제52조(Article 52, Patentable inventions)

(1) European patents shall be granted for any inventions, in all fields of technology, provided that they are new, involve an inventive step and are susceptible of industrial application.

(2) The following in particular shall not be regarded as inventions within the meaning of

paragraph 1:

(a) discoveries, scientific theories and mathematical methods;

(b) aesthetic creations;

(c) schemes, rules and methods for performing mental acts, playing

---

15. 아래 원문은 EPO, Patent for Software European law and practice(2013) 13면에서 인용함

A specific claim form for the protection of computer-implemented inventions is the "computer program/computer program product". It was introduced in order to provide better legal protection for computer programs distributed on a data carrier and not forming part of a computerised system.

This claim form should not be confused with the term "computer program" as a list of instructions. Subject-matter claimed under this form is not excluded from patentability if the computer program resulting from implementation of the corresponding method is capable of bringing about, when running on a computer or loaded into a computer, a "further technical effect" going beyond the "normal" physical interactions between the computer program and the computer hardware on which it is run.

소프트웨어 특허에 대해서는 특허권자의 아이디어나 알고리즘까지 보호할 수 있다는 장점이 있지만, 알고리즘이 특허에 의해 독점될 경우 다수에 의한 점진적 개선을 통한 혁신을 막고 제품 출시 비용을 증가시키는 단점도 있다는 찬반의 의견으로 나눠져 있다. 최근 미국에서 특허괴물이 특허침해 소송을 남발하면서 소프트웨어 특허에 대한 부정적인 의견이 확산되고 있다는 뉴스는 소프트웨어 특허 보호를 강력하게 주장하는 옹호론자들의 발목을 잡고 있다고 볼 수 있다.

공개 소프트웨어 개발자들의 소프트웨어 특허 반대

2005년, 유럽을 중심으로 한 소프트웨어 특허를 반대하는 운동과 유사하게 국내에서도 소프트웨어 특허에 반대하는 주장이 있었다. 지난 2014년 6월, 특허청의 '컴퓨터관련 발명 심사기준' 개정[16]이 소프트웨어 특허의 인정 범위를 확장하는 것이라며, 공개 소프트웨어 개발자들을 중심으로 소프트웨어 특허에 반대하

---

16. 2014.7.1.부터 한국 특허청은 '컴퓨터관련 발명 심사기준' 개정을 통해 "매체에 저장된 컴퓨터 프로그램 청구항"을 인정했다.

는 목소리[17]를 높인 바가 있다.

소프트웨어 특허에 반대하는 대표적인 주장은 "소프트웨어 특허를 인정하는 것이 타당한가?" 또는 "소프트웨어 특허를 어느 범위까지 인정할 것인가?"다. 전자는 소프트웨어를 보호하는 권리가 특허권이 되어야 하는지 저작권이 되어야 하는지에 관한 논의이고, 후자는 소프트웨어를 특허법상의 발명으로 인정하되 그 인정 범위에 관한 논의라고 할 수 있다.

국가적으로도 소프트웨어산업진흥법을 통해 소프트웨어 산업[18]을 국가 산업의 한 축으로 인식하고 그 발전을 도모하고 있는 상황을 고려한다면 산업 발전을 도모하는 기술을 보호하는 특허법의 특허 대상에서 소프트웨어를 제외하고 문화 콘텐츠 관련 산업 발전을 목적으로 하는 저작권법하에서 어문저작물의 형태로 보호범위를 한정하자는 주장은 쉽게 납득하기 어렵다.

세계 주요국 IP5[19] 특허청에서 소프트웨어 특허는 허용되고

---

17. SW 특허 반대론자들은 SW 특허는 SW 개발자들에게 불필요하며, 오픈소스 진영을 위축시키고, '특허덤불'로 인해 SW 기업들에게 과도한 부담으로 작용할 것이라 주장한다(출처: 소프트웨어정책연구소, SW 특허심사기준 개정 논란을 통해 본 SW 특허의 여러 쟁점들, http://spri.kr/posts/view/9147? page=2&code=issue_issue).

18. 소프트웨어산업진흥법 제2조에서 소프트웨어 산업이란 "소프트웨어의 개발·제작·생산·유통 등과 이에 관련된 서비스 및 정보시스템의 구축·운영 등과 관련된 산업"으로 정의한다.

19. 미국, 유럽, 일본, 한국, 중국을 합쳐서 IP5(Intellectual Property 5)로 부름. IP5는 세계 주요 5개 지식재산기관 포럼에서 유래한 명칭으로 한국 특허청(KIPO), 미국 특허상표청(USPTO), 유럽 특허청(EPO), 일본 특허청(JPO), 중국 국가지식산권국(SIPO)으로 구성돼 있으며, 이들 IP5 국가의 출원율은 전 세계 출원에 있어 90%를 차지하고, PCT 출원하에서는 93%를 차지할 정도로 주도적인 역할을 하고 있다(출처 :http://www.fiveipoffices.org/about.html).

있는 현실을 고려하면 소프트웨어의 보호 주체가 특허권인지 저작권인지 하는 구태적인 논쟁에서 벗어나 소프트웨어 특허를 인정하되 국가별 산업 환경 및 기술의 성숙도에 따른 그 인정범위의 확장과 축소 여부를 토론하는 것이 더 타당하다.

그림 1-6 유럽 특허청의 소프트웨어 관련 특허 법안에 반대하는 시위자들의 행렬(출처: 미국특허닷컴, http://미국특허.com)

다양한 산업 분야에서 소프트웨어 특허출원의 증가

특허청 자료에 따르면 1985년 385건에 불과한 소프트웨어 특허출원은 2013년 16,763건으로 폭발적으로 증가했고, 컴퓨터 분야에 국한되던 출원은 통신, 전력제어, 자동차, 의료산업 분야까지 확장됐다. 소프트웨어 특허의 논쟁에도 불구하고 소프트웨어 특허출원은 꾸준히 증가하고 있으며, 전통적인 컴퓨터 활용 영역에서 모바일 통신, 의료, 자동차 등과 결합된 융복합화 기술로

확장되는 추세에 있다. 미래의 4차 산업혁명 시대에서는 소프트
웨어 특허출원의 증가세는 더욱 확대될 것으로 예상된다.

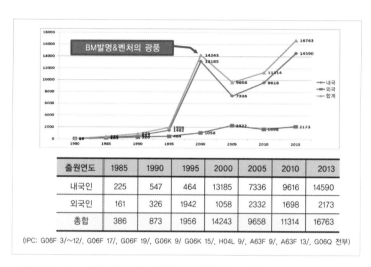

출원연도	1985	1990	1995	2000	2005	2010	2013
내국인	225	547	464	13185	7336	9616	14590
외국인	161	326	1942	1058	2332	1698	2173
총합	386	873	1956	14243	9658	11314	16763

(IPC: G06F 3/~12/, G06F 17/, G06F 19/, G06K 9/ G06K 15/, H04L 9/, A63F 9/, A63F 13/, G06Q 전부)

그림 1-7 소프트웨어 분야 특허출원의 동향(출처: 특허청 자료)

표 1-1 소프트웨어 특허출원의 산업분야별 비중 변화(출처: 특허청 자료)

기술 분야(IPC)	2004년	2011년	증감률
컴퓨터, DB, 이미지 처리, 저장장치, BM[20]분야 등(G06, G11, G06Q)	46.6%	28.7%	↓ 20.4%
이동통신단말, 통신네트워크 등(H04)	36.2%	46.7%	↑ 10.5%
측정, 광학, 자동 제어 등(G01~G05)	9.7%	10.0%	↑ 3.1%
전자재료, 회로, 전력 등(H01~H03, H05)	3.7%	5.7%	↑ 54.1%

(이어짐)

---

20. 'Business Method' 발명(줄여서 'BM발명')으로 '영업방법 발명'이라고도 한다. 비즈니스
관련 발명이라 함은 정보기술을 이용해 실현한 새로운 비즈니스 시스템이나 비즈니스 방법에
관한 발명을 말한다.

기술 분야(IPC)	2004년	2011년	증감률
의료기기 등(A61, A63 등)	1.8%	3.9%	↑116.7%
자동차, 기계, 연소장치 등(B05, B60, F01, F02 등)	1.6%	4.2%	↑260.0%
금속공정, 화학공정 등(C23, C40 등)	0.3%	0.9%	↑200.0%
비율 합계	100.0%	100.0%	

※ 청구항에 '프로그램'이 포함된 특허출원 추출 조사(2004년 1,336건, 2011년 1,587건)

2

소프트웨어 특허 적격성에 대한 특허제도와 심사 실무

1. 우리나라의 특허제도와 실무

1.1 개요

대법원 및 특허법원의 판례에 의하면 소프트웨어 발명이 특허에 해당하기 위해서는 컴퓨터상에서 소프트웨어에 의한 정보 처리가 하드웨어를 이용해 구체적으로 실현되고 있어야 하고, 구체적으로 소프트웨어와 하드웨어가 구체적인 상호 협동 수단에 의해 사용 목적에 따른 정보의 연산이나 가공을 실현함으로써 사용 목적에 대응한 특유의 정보 처리 장치 또는 그 동작 방법이 구축돼야 한다고 규정하고 있다.

또한 소프트웨어 발명이 발명으로서 완성되기 위해서는 특허 청구범위의 기재가 단순한 아이디어를 제기하는 수준에 머물러서는 안 되고, 발명의 목적을 달성하기 위한 필수불가결한 모든 구성들이 하드웨어를 통해 구체적이고 명확하게 기재돼야 한다고 규정하고 있다.

우리나라 특허청은 대법원 및 특허법원의 판례에 근거해 컴퓨터, 영업방법 발명 등에 대한 세부 심사기준을 제정 및 개정했고, 현재까지 특허심사 실무에 적용하고 있다.

1.2 특허법 및 판례에 의한 특허 적격성 판단

1.2.1 특허법

우리나라 특허법 제2조 제1항은 「'발명'이라 함은 자연법칙을 이용한 기술적 사상의 창작으로서 고도한 것을 말한다.」라고 규정해, 발명으로 성립하기 위한 요건을 「자연법칙을 이용한 기술적 사상의 창작」일 것을 명확히 규정하고 있다.

이와 같이 특허 대상인 발명을 「자연법칙을 이용한 기술적 사상의 창작」으로 명문화해 법으로 정의한 것은 특허 대상을 새롭고 유용한 제조방법, 기계, 제조물, 조성물로 규정하고 있는 미국 특허법 제101[1]과는 차이가 있다. 또한 특허의 대상을 적극적으로 정의하지 않고 특허 대상이 아닌 것, 즉 '비특허 대상'을 소극적으로 열거하고 있는 유럽 특허법 제52조(1)(2)와도 상이한 접근이다.

---

1. 35 U.S.C. 101 Whoever invents or discovers any new and useful process, machine, manufacture, or composition of matter, or any new and useful improvement thereof, may obtain a patent therefor, subject to the conditions and requirements of this title.

특허법의 목적은 산업 발전에 기여하는 데 있으므로 모든 발명은 산업상 이용 가능성이 있어야 한다. 제29조 제1항 본문[2]의 「산업」은 가장 넓은 의미의 산업으로 해석돼야 하고, 산업은 유용하고 실용적인 기술에 속하는 모든 활동을 포함하는 최광의_最_{廣義}의 개념으로 해석된다. 따라서 소프트웨어 산업도 특허 대상에서 제외되지 않음은 당연하다.

우리나라 특허거절결정의 법조항인 제62조[3]에 따르면 발명의 특허 적격성 여부를 판단하는 법조항은 특허법 제2조가 아닌 특허법 제29조 제1항이며, 이는 일본의 법제에서도 유사하게 운영되고 있다.

우리나라 특허거절결정에 제2조가 포함되지 않았는지 여부에 대해서는 일부 논란이 있고, 이에 대해 일부 학자들은 법 개정을 통해 제2조의 규정도 특허거절결정 조문으로 포함해야 한다고 주장하고 있다. 제2조의 '발명의 정의' 규정이 특허거절결정에 포함돼야 하는지 여부는 이 책의 주제에서 벗어나므로 더 이상 언급하지 않는다.

우리나라의 특허심사관행에 따르면 특허청은 특허법과 그 하위 관련 규정으로 특실심사기준을 별도로 두고 특허제도를 운영하고 있다. 이는 일본, 유럽, 중국을 비롯한 세계 주요국 특허청 모두 유사하다.

---

2. 제29조1항 본문: "산업상 이용할 수 있는 발명"으로써 〈이하 생략〉
3. 제62조(특허거절결정) 심사관은 특허출원의 다음 각 호의 어느 하나의 거절이유에 해당하는 경우에는 특허거절결정을 해야 한다. 1. 제25조,제29조,제32조,〈이하 생략〉

현행 우리나라 특허청이 운영 중인 특허심사제도에서의 특허 적격성 심사의 일반적 절차에 따르면 심사관은 특허출원이 발명 인지 여부를 살피고, 발명이 아닌 경우에는 제29조 제1항에 의해 '산업상 이용 가능성'이 없다고 판단해 특허거절결정을 하며, 특 허출원이 발명인 경우에라도 특실심사기준에서 정한 불특허 요 건*에 해당하는 경우에는 특허거절결정된다. 구체적인 판단 절 차는 다음 장에서 자세히 다룬다.

> * 특실심사기준에서 정한 산업상 이용 가능성이 없는 불특허요건은 (i) 기능, (ii) 단순한 정보의 제시, (iii) 미적 창조물, (iv) 컴퓨터 프로그램 자체, (v) 반복 해 동일한 효과를 얻을 수 없는 경우, (v) 미완성 발명 등이 있다.

1.2.2 판례

우리 대법원은 판례[4]를 통해 "영업방법 발명이라 함은, '정보기 술을 이용해 구축된 새로운 비즈니스 시스템 또는 방법 발명'을 말하고, 이에 해당하려면 컴퓨터상에서 소프트웨어에 의한 정보 처리가 하드웨어를 이용해 구체적으로 실현되고 있어야 한다." 고 정의하고 있다.

즉, 발명이 사람의 정신활동 등을 이용한 것이거나 단순히 컴 퓨터나 인터넷의 범용적인 기능을 이용하고 있는 것이어서는 안 되고, 소프트웨어가 컴퓨터에 읽혀져서 하드웨어와 구체적인 상 호 협동 수단에 의해 특정한 목적 달성을 위한 정보의 처리를

---

4. 대법원 2003.5.16. 선고 2001후3149 판결

구체적으로 수행하는 정보 처리 장치 또는 그 동작 방법이 구축되어 있는 것을 말한다고 밝히고 있다.

현재까지 이 판례는 우리나라에서 소프트웨어 발명의 특허 적격 여부를 판단하는 기준으로, 특허청 심사기준의 기초가 되고 있다.

최근 특허법원의 판례[5]에서는 "컴퓨터 관련 발명에서 이른바 '영업방법 발명(BM 발명)'은 '정보기술을 이용해 구축된 새로운 비즈니스 시스템 또는 방법 발명'을 말하고, 이에 해당하려면 컴퓨터상에서 소프트웨어에 의한 정보 처리가 하드웨어를 이용해 구체적으로 실현되고 있어야 한다는 과거 대법원 판례를 인용하면서 영업방법 발명으로서 완성되기 위해서는 청구항의 기재가 단순한 아이디어를 제기하는 수준에 머물러서는 안 되고, 발명의 목적을 달성하기 위한 필수불가결한 모든 구성들이 구체적이고 명확하게 기재되어 있어야 한다."고 했다.

따라서 영업방법 발명으로 인정받기 위해서는 전체로서 판단된 청구항이 사람의 정신활동 등을 이용한 것이거나 단순히 컴퓨터나 인터넷의 범용적인 기능을 이용하고 있는 것이어서는 안 되고, 컴퓨터 시스템상에서 소프트웨어와 하드웨어의 구체적인 상호 협동 수단에 의해 특정한 목적 달성을 위한 정보의 처리를 구체적으로 수행하는 정보 처리 장치 또는 그 동작 방법이 구축됨으로써 컴퓨터나 인터넷이 단순히 이용되는 것 이상의 새로운

---

5. 특허법원 2007.6.27. 선고 2006허8910 판결 【거절결정(특)】 : 확정

효과를 발휘해야 함을 알 수 있다. 발명이 소프트웨어와 하드웨어가 구체적인 상호 협동하더라도 새로운 효과를 발휘하지 못하고 컴퓨터나 인터넷 시스템의 범용적인 기능을 이용하는 사람의 행위 위주로 구성된 경우에는 자연법칙을 이용한 기술적 사상에 해당한다고 볼 수 없으므로 특허 받을 수 없음을 알 수 있다.

대법원 판례(2001후 3149 거절결정(특))

[1] 발명의 명칭 및 청구범위 내용

발명의 명칭: 생활쓰레기 재활용 종합관리방법

「배출자 신상정보가 입력된 바코드 스티커와, 배출 쓰레기가 표시된 달력지는 관할 관청에서 각 배출자에게 배포하고(제1단계)

　각 배출자들은 정해진 규정에 의해 정확하게 분리된 쓰레기를 규정 쓰레기봉투에 담아서 배출하되 반드시 배출자 신상정보가 입력된 바코드 스티커를 쓰레기봉투에 부착해 배출하며(제2단계),

　수거자는 배출된 쓰레기를 요일별로 정확하게 분리수거해 집하장으로 이송해 재활용 쓰레기와 매립 소각될 쓰레기를 선별해 처리과정을 거치며(제3단계),

　잘못 분류된 쓰레기봉투는 전면에 부착된 바코드를 판독해 해당 배출자에게 시정명령을 지시(제4단계)하는 각 과정에서 얻어지는 자료들을 축적한 통계로 생활쓰레기를 종합관리하도록 하는 생활쓰레기 재활용 종합관리방법」

[2] 특허법원의 판결

① 특허법상 발명으로 인정되기 위한 판단 기준

  ㉮ 특허법상 '발명'이라고 함은 '자연법칙을 이용한 기술적 사상의 창작으로 고도한 것'(특허법 제2조 제1호)을 말하므로, 청구항에 기재된 발명이 자연법칙 이외의 법칙, 인위적인 결정 또는 약속, 수학공식, 인간의 정신활동에 해당하거나 이를 이용하고 있는 경우에는 특허법상의 발명에 해당하지 아니한다.

  ㉯ 특허법상의 발명에 해당하기 위한 자연법칙 이용 여부는 청구항 전체로 판단해야 하므로, 청구항에 기재된 발명의 일부에 자연법칙을 이용하고 있는 부분이 있어도 청구항 전체로서 자연법칙을 이용하고 있지 않다고 판단될 때에는 특허법상의 발명에 해당하지 아니하고, 반대로 청구항에 기재된 발명의 일부에 자연법칙을 이용하고 있지 아니한 부분이 있어도 청구항 전체로서 자연법칙을 이용하고 있다고 판단될 때에는 특허법상의 발명에 해당한다.

② 이 사건 출원발명이 특허법상 발명에 해당하는지 여부

  ㉮ 각 단계가 자연법칙을 이용하고 있는지 여부

    제1단계는 '바코드 스티커'와 '달력지'라는 수단을 포함하고 있지만, 전체적으로 보면 그 수단을 단지 도구로 이용한 것에 불과하고, 관할 관청이 바코드 스티커와 달력지를 배포하는 것은 인간의 정신활동에 근거하는 인위적 결정에

따른 것이며, 제2단계는 '쓰레기봉투'라는 수단을 포함하고 있지만, 전체적으로 보면 그 수단을 단지 도구로 이용한 것에 불과하고, 쓰레기 배출자들이 정해진 규정에 의해 자신의 신상정보가 입력된 바코드 스티커를 쓰레기봉투에 부착하고, 정확하게 분리된 규정 쓰레기를 담아서 배출하는 미리 정해진 규정에 따라 이루어지는 인간의 정신활동에 근거한 사실행위 그 자체이며, 제3단계는 수거자가 배출된 쓰레기를 자신의 판단에 의해 정확하게 분리수거해, 집하장으로 이송하고, 쓰레기를 선별해 처리하는 인간의 정신활동에 근거해 이루어지는 사실행위에 불과하며, 제4단계는 컴퓨터 등을 이용해 바코드를 판독하는 수단을 포함하지만, 잘못 분류한 배출자에게 시정명령을 지시하는 것이 그 판독된 정보에 따라 컴퓨터 하드웨어에 연결된 시스템에 의해 행해지는 것이 아니라, 전체적으로 보면 그 수단을 단지 도구로 이용한 것에 불과하고, 바코드를 판독해 해당 배출자에게 시정명령을 지시하는 인간의 정신활동에 근거한 인간의 행위 그 자체이므로 자연법칙을 이용한 것이라고 할 수 없다.

㉯ 출원발명 전체가 자연법칙을 이용하는 것인지 여부

이 사건 출원발명은 바코드 스티커, 달력지, 쓰레기봉투, 그리고 컴퓨터 등을 이용한 바코드 판독 등 하드웨어 및 소프트웨어 수단을 포함하고 있지만, 이 사건 출원발명의 구성요소인 위 각 단계는 위 하드웨어 및 소프트웨어의 결합을 이용한 구체적 수단을 내용으로 하고 있지 아니할 뿐만 아니라, 그 수단을 단지 도구로 이용한 것으로 인간의 정신활동에 불과하고, 이 사건 출원발명은 전체적으로 보면 관할 관청, 배출자, 수거자 간의 약속 등에 의해 이루어지는 인위적 결정이거나 이에 따른 위 관할 관청 등의 정신적 판단에 불과하므로 자연법칙을 이용한 것이라고 할 수 없다.

③ 이 사건 특허발명이 비즈니스모델 발명(영업방법 발명)인지 여부

일반적으로 비즈니스모델 발명이라 함은 정보 기술을 이용해 실현한 새로운 비즈니스 시스템이나 방법에 관한 발명을 말하고, 이러한 일반적인 비즈니스모델 발명에 속하기 위해서는 컴퓨터상에서 소프트웨어에 의한 정보 처리가 하드웨어를 이용해 구체적으로 실현되고 있어야 하는데, 이 사건 출원 발명은 그 각 단계가 컴퓨터의 온라인on-line상에서 처리되는 것이 아니라 오프라인off-line상에서 처리되는 것일 뿐만 아니라, 소프트웨어와 하드웨어가 연계되는 시스템이 구체적으로 실현되고 있는 것도 아니므로, 이러한 일반적인 비즈니스모델 발명의 범주에 속하지 아니한다.

[3] 판결 요약 및 검토

특허법원 판결에 따르면 발명의 적격성 판단 기준으로서「자연법칙 이용 여부는 청구항 전체로서 판단해야 한다」라고 하는 기준을 제기하고 있으며, 이에 대한 구체적인 판단 방법으로서 먼저 청구항의 각 단계가 자연법칙을 이용하는지를 판단한 후 청구항 전체가 자연법칙을 이용하고 있는지 여부를 판단했다.

또한 청구항의 각 단계가 하드웨어 및 소프트웨어를 포함하더라도 하드웨어 및 소프트웨어의 결합을 이용한 구체적 수단을 내용으로 하고 있지 아니할 뿐만 아니라, 그 수단을 단지 도구로 이용한 것으로, 인간의 정신활동에 불과하다는 이유로 자연법칙의 이용성을 인정하지 않았다.

또한 소위 비즈니스모델 발명을 정보 기술을 이용해 실현한 새로운 비즈니스 시스템이나 방법에 관한 발명으로 정의하고, 비즈니스모델 발명에 속하기 위해서는 컴퓨터상에서 소프트웨어에 의한 정보 처리가 하드웨어를 이용해 구체적으로 실현되고 있어야 할 것을 요구하고 있다.

1.3 특허심사기준에 의한 특허 적격성 판단

1.3.1 특허심사기준

특허심사기준에서는 소프트웨어에 대한 정의 규정이 없고, 다만 컴퓨터 프로그램의 발명에 대해서는 심사기준으로 특허 적격성의 판단을 규정하고 있다.

컴퓨터 프로그램은 컴퓨터를 실행하는 명령에 불과한 것으로 컴퓨터 프로그램 자체는 발명이 될 수 없다고 규정하면서, 다만 컴퓨터 프로그램에 의한 정보 처리가 하드웨어를 이용해 구체적으로 실현되는 경우에는 해당 프로그램과 연동해 동작하는 정보 처리 장치(기계), 그 동작 방법 및 해당 프로그램을 기록한 컴퓨터로 읽을 수 있는 매체, 매체에 저장된 컴퓨터 프로그램은 자연법칙을 이용한 기술적 사상의 창작으로서 발명에 해당하므로 특허 대상으로 인정한다.

1.3.2 컴퓨터 관련 발명의 심사기준

1.3.2.1 컴퓨터 관련 발명의 심사기준의 제·개정 연혁

우리나라는 1984년에 '컴퓨터 관련 발명의 심사기준'을 제정해 운영해 왔는데, 자연법칙 이용성에 주로 근거한 수식이나 수학 알고리즘 자체의 특허 보호를 배제했다.

1995년 1차 개정 시에는 자연법칙을 이용했는가의 여부와 하드웨어 자원을 이용했는지의 여부로 컴퓨터 관련 발명의 성립성을 판단했다.

1998년 개정 시에는 성립성 판단의 기준을 '산업상 이용할 수 있는 구체적 수단'이 존재하는지 여부에 의해 판단하도록 했고, 소프트웨어를 기록한 컴퓨터 판독 가능 기록매체도 특허 청구범위에 기재될 수 있도록 했다.

2000년 미국발 닷컴산업의 폭발적 성장의 영향으로 '컴퓨터 관련 발명의 심사기준'을 더욱 세분화한 '전자상거래 관련 발명에 대한 심사지침'을 별도로 마련했다.

2005년 '전자상거래 관련 발명의 심사기준'은 다시 '컴퓨터 관련 발명의 심사기준'으로 통합 개정했다. 이는 1998년 개정된 이후 국내외에서 컴퓨터 및 영업방법 관련 발명에 대한 많은 심사, 심판, 판결 사례들이 축적됐고, 그 심사 실무상 판단 기준이 유사해 통합된 심사기준을 운영할 필요가 있었기 때문이다. 2005년 개정 컴퓨터 관련 발명의 심사기준은 종래에 개별적이던 컴퓨터 관련 발명 심사기준과 전자상거래 관련 발명의 심사가이드를 통합해 '컴퓨터 관련 발명의 심사기준'으로 일원화했고, 특허 요건과 명세서 기재 요건을 명확하게 설명한 것이 특징이다. 이후 현재까지 소프트웨어 관련 발명에 특허성 판단의 기조를 유지하고 있다.

2014년 개정에서는 '하드웨어와 결합되어 특정과제를 해결하기 위해 매체에 저장된 컴퓨터 프로그램 청구항'의 형식을 인정했다.

컴퓨터 및 소프트웨어 관련 발명은 시대에 따라 기술의 변화를 뒤쫓아 가면서 그 보호대상의 범위를 넓혀왔다. 2014년 이전까지는 컴퓨터, 서버, CD 등의 기록매체만 보호했다가, 2014년에는 모바일시대를 반영해 모바일 애플리케이션도 그 보호대상에 포함시켰다. 그러나 컴퓨터 프로그램을 온라인이나 모바일로 전송하는 것까지는 특허 보호대상에 포함되지 않은 점은 아쉽기만 하다. 이는 저작권법과 상충된다는 이유로 반대하는 의견과 국내 소프트웨어 산업계의 위축이 우려된다는 의견이 있어서 보호대상에서 제외됐다. 당분간 그 보호범위가 확장되기는 어려울 것으로 예상된다.

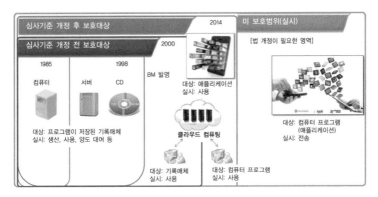

그림 2-1 심사기준에서 보호되는 컴퓨터 관련 보호대상(출처: 특허청)

1.3.2 현행 컴퓨터 관련 발명의 심사기준

청구항에 관련된 발명이 특허법상 발명에 해당하기 위해 자연법칙을 이용한 기술적 사상의 창작 중 고도한 것일 필요가 있다.

[1] 기본적인 사고방식

소프트웨어에 의한 정보 처리가 하드웨어를 이용해 구체적으로 실현되고 있는 경우 해당 소프트웨어와 협동해 동작하는 정보 처리 장치(기계), 그 동작 방법 및 해당 소프트웨어를 기록한 컴퓨터로 읽을 수 있는 매체는 자연법칙을 이용한 기술적 사상의 창작이다. 소프트웨어에 의한 정보 처리가 하드웨어를 이용해 구체적으로 실현되고 있는 경우란 소프트웨어가 컴퓨터에 읽혀지는 것에 의해 소프트웨어와 하드웨어가 협동한 구체적 수단으로 사용 목적에 따른 정보의 연산 또는 가공을 실현함으로써 사용 목적에 부응한 특유의 정보 처리 장치(기계) 또는 그 동작 방법이 구축되는 것을 말한다.

그러므로 소프트웨어에 의한 정보 처리가 하드웨어를 이용해 구체적으로 실현되고 있는 경우 해당 소프트웨어와 협동해 동작하는 정보 처리 장치(기계), 그 동작 방법 및 해당 소프트웨어를 기록한 컴퓨터로 읽을 수 있는 매체는 자연법칙을 이용한 기술적 사상의 창작이다.

[2] 비즈니스 관련 발명(영업방법)의 경우

일반적으로 비즈니스 관련 발명이라 함은 정보기술을 이용해 실현한 새로운 비즈니스 시스템이나 비즈니스 방법에 관한 발명을 말하고, 이러한 비즈니스 관련 발명에 해당하려면 컴퓨터상에서 소프트웨어에 의한 정보 처리가 하드웨어를 이용해 구체적으로 실현되고 있어야 한다.

[3] 판단의 구체적인 수법

컴퓨터 관련 발명에서 청구항에 관련된 발명이 자연법칙을 이용한 기술적 사상의 창작인지 여부(발명에 해당하는지 여부)를 판단하는 구체적인 수법은 다음과 같다.

㉮ 청구항에 기재된 사항에 근거해 청구항에 관련된 발명을 파악한다.

㉯ 청구항에 관련된 발명에서 소프트웨어에 의한 정보 처리가 하드웨어를 이용해 구체적으로 실현되고 있는 경우, 즉 소프트웨어와 하드웨어가 협동한 구체적 수단에 의해 사용 목적에 부응한 정보의 연산 또는 가공을 실현함으로써 사용 목적에 부응한 특유의 정보 처리 장치(기계) 또는 그 동작 방법이 구축되어 있는 경우 해당 발명은 자연법칙을 이용한 기술적 사상의 창작이다.

㉰ 한편 소프트웨어에 의한 정보 처리가 하드웨어를 이용해 구체적으로 실현되고 있지 않은 경우 해당 발명은 자연법칙을 이용한 기술적 사상의 창작이 아니다.

[4] 컴퓨터 관련 발명 특유의 판단이 필요하지 않은 예

㉮ 자연법칙을 이용한 기술적 사상의 창작이 아닌 예

청구항에 관련된 발명이 다음에 해당하는 경우 자연법칙을 이용한 기술적 사상의 창작이 아니다.

- 경제법칙, 인위적인 결정, 수학의 공식, 사람의 정신활동
- 디지털 카메라로 촬영된 화상 데이터, 문서 작성 장치로 작성된 운동회
- 프로그램, 컴퓨터 프로그램 리스트, 정보의 단순한 제시

㉯ 자연법칙을 이용한 기술적 사상의 창작인 예

청구항에 관련된 발명이 다음에 해당하는 경우 자연법칙을 이용한 기술적 사상의 창작이다.

- 기기에 대한 제어 또는 제어를 위해 필요한 처리를 구체적으로 수행하는 것
- 대상의 물리적 성질 또는 기술적 성질에 근거한 정보 처리를 구체적으로 수행하는 것

[5] 판단 시 유의 사항

㉮ 청구항에 관련된 발명이 자연법칙을 이용한 기술적 사상의 창작인지 여부를 판단하는 경우 청구항에 기재된 발명의 범주(방법의 발명 또는 물건의 발명)에 구애받지 않고 청구항에 기재된 발명을 특정하기 위한 사항(용어)의 의의를 해석한 다음 판단한다.

㉯ 프로그래밍 언어로서 특허 청구된 발명에 대해서는 인위적인 결정에 해당하므로 자연법칙을 이용한 기술적 사상의 창작이 아니며 발명에 해당하지 않는다.

㉰ 프로그램 리스트 자체로서 특허 청구된 발명에 대해서는 정보의 단순한 제시에 해당하므로 자연법칙을 이용한 기술적 사상의 창작이 아니며 발명에 해당하지 않는다.

1.4 우리나라의 심사 실무 사례

1.4.1 소프트웨어 발명의 특허 적격성이 인정되는 사례

[청구항]

자연수 n과 m을 입력한 입력 수단(단, 1≤n≤m<256),

k번째에 k^2의 값이 저장된 제곱 테이블(단, 0≤k<511), 가감산기, 시프트 연산기로 된 연산 수단 및

위 연산 수단에 의한 연산 결과 s를 출력하는 출력 수단을 갖추고,

위 연산 수단이 위 제곱 테이블을 참조해 제곱의 값을 도출하는 것에 의해 승산기와 제산기를 이용하지 않은 채

$$s = \frac{(m+n)^2 - (m-n)^2}{4}$$

을 계산하는 계산 장치

[판단]

청구항에 관련된 발명은 자연수 n과 m을 입력한 입력 수단(단, 1≤n≤m<256), k번째에 k^2의 값이 저장된 제곱 테이블(단, 0≤k <511), 가감산기 및 시프트 연산기로 이뤄진 연산 수단, 위 연산 수단에 의한 연산 결과 s를 출력하는 출력 수단을 갖추고, 위 연산 수단이 위 제곱 테이블을 참조해 제곱의 값을 도출하는 것에 의해 승제산기를 이용하지 않고

$$s = \frac{(m+n)^2 - (m-n)^2}{4}$$

을 계산하는 계산 장치다.

청구항에 관련된 발명은 승제산기를 갖지 않고 가감산기 및

시프트 연산기로 된 연산 수단을 구비한 계산 장치임에도 제곱 테이블을 마련하는 것에 의해 위 연산 수단이 해당 제곱 테이블을 이용해 제곱의 식 $a = (m+n)^2$, $b = (m-n)^2$을 도출하고 해당 도출된 제곱의 값을 수식

$$s = \frac{(m+n)^2 - (m-n)^2}{4} = (a-b) \gg 2$$

(>>2는 오른쪽 비트 시프트를 2회 수행하는 기호)

에 따라 가감산기에 의해 감산한 후에 시프트 연산기에 의해 오른쪽 비트 시프트 연산을 하고 있으므로 **소프트웨어와 하드웨어가 협동한 정보 처리 장치가 실현되고 있다.** 그러므로 소프트웨어에 의한 정보 처리가 하드웨어를 이용해 구체적으로 실현되고 있다고 할 수 있다. 따라서 청구항에 관련된 발명은 발명에 해당한다.

1.4.2 소프트웨어 발명의 특허 적격성이 부정되는 사례

사례 1

[청구항]
자연수 n과 m(단, 1≤n≤m<256)의 곱셈 값 s를

$$s = \frac{(m+n)^2 - (m-n)^2}{4}$$

에 의해 계산하는 <u>계산 방법</u>

[판단]

청구항에 관련된 발명은 자연수 n과 m(단, 1≤n≤m<256)의 곱셈 값 s를

$$s = \frac{(m+n)^2 - (m-n)^2}{4}$$

에 의해 계산하는 방법이다.

　청구항에 관련된 발명은 수식 계산 그 자체이고, 자연법칙을 이용하지 않는 것에 해당하기 때문에 발명에 해당하지 않는다.

사례 2

[청구항]

자연수 n과 m을 입력하는 입력 수단(단, 1≤n≤m<256),

연산 수단 및 위 연산 수단에 의한 연산 결과 s를 출력하는 출력 수단을 갖는 것에 의해

$$s = \frac{(m+n)^2 - (m-n)^2}{4}$$

을 계산하는 <u>계산 장치</u>

[판단]

청구항에 관련된 발명은 자연수 n과 m을 입력하는 입력 수단(단, 1≤n≤n<256), 연산 수단, 위 연산 수단에 의한 연산 결과 s를 출력하는 출력 수단을 갖추는 것에 의해

$$s = \frac{(m+n)^2 - (m-n)^2}{4}$$

을 계산하는 계산 장치다.

청구항에 관련된 발명에는 입력 수단, 연산 수단, 출력 수단이 포함
돼 있지만, 이들 하드웨어는 승산 계산을 실행하는 소프트웨어와 전
혀 협동하고 있지 않으므로, 소프트웨어에 의한 정보 처리가 하드
웨어를 이용해 구체적으로 실현되고 있다고 할 수는 없다. 따라
서 청구항에 관련된 발명은 발명에 해당하지 않는다.

사례 3: 기술적 효과를 달성하기 위한 합리적 수단 결여

[청구항]

인텔리전트 에이전트와 대화하는 미지의 당사자를 확인하는 방법에 있어서,
(a) 다수의 레코드를 포함하는 데이터베이스-각각의 레코드는 알려진 당사자
    와 관련되며 알려진 당사자와 관련된 다수의 속성을 포함함-와,
(b) 상기 데이터베이스와 접속되어 있으며, 상기 미지의 당사자에 대한 다수
    의 속성과 각각의 알려진 당사자의 속성을 비교해 상기 미지의 당사자를
    상기 미지의 당사자의 속성에 가장 정합하는 속성을 갖는 알려진 당사자
    로서 확인하도록 구성되는 확인 모듈을 포함하는 인텔리전트 에이전트와
    대화하는 미지의 당사자를 확인하는 방법

[판단]

청구항에 관련된 발명에서 미지의 상대방 속성과 알려진 당사자
속성을 비교하는 과정은 유용하고 구체적이고 실용적인 결과를
얻을 수 있는 기술적인 장치나 방법이 제시되어 있지 아니해 특
정한 기술적 효과를 달성하기 위한 합리적인 수단, 즉 보편성,
반복성, 객관성을 갖는 합리적 수단을 구비한 것이라 볼 수 없으
므로 본 발명은 자연법칙을 이용한 기술적 사상의 창작에 해당
하지 않는다.

사례 4

[청구항]

수신 수단이 통신 네트워크를 매개로 배송되는 기사를 수신하는 단계,

표시 수단이 수신한 기사를 표시하는 단계,

<u>사용자가 해당 기사의 문장 중에 소정의 키워드가 존재하는지 여부를 판단하고 존재하는 경우에 보존 명령을 기사 보존 실행 수단에 부여하는 단계,</u>

위 기사 보존 실행 수단이 보존 명령이 부여된 기사를 기사 기억 수단에 기억하는 단계로 구성되는 네트워크로 배송된 기사의 보존 방법

[판단]

청구항에 관련된 발명은 사용자가 해당 기사의 문장 중에 소정의 키워드가 존재하는지 여부를 판단하고, 존재하는 경우에 보존 명령을 기사 보존 실행 수단에 내리는 단계를 포함하고 있기 때문에 기사의 문장 중에 소정의 키워드가 존재하는지 아닌지를 판단하고 존재한 기사를 보존하는 사람의 정신 활동에 근거해 행해지는 처리다.

그 때문에 청구항에 관련된 발명은 컴퓨터 통신 네트워크를 이용하고 있긴 하지만 소프트웨어와 하드웨어가 협동하는 것에 의해 구축된 정보 처리 시스템의 동작 방법이라고는 할 수 없기 때문에 소프트웨어에 의한 정보 처리가 하드웨어를 이용해 구체적으로 실현되고 있다고 할 수는 없다.

따라서 청구항에 관련된 발명은 발명에 해당하지 않는다.

사례 5

[청구항]

전화 쇼핑으로 상품을 구입한 금액에 따라 포인트를 주는 서비스 방법에서,

증여하는 포인트의 양과 증여처의 이름이 전화를 통해 통지되는 단계,

증여처의 이름에 근거해 고객 리스트 기억 수단에 기억된 증여처의 전화번호를 취득하는 단계,

위 포인트의 양을 고객 리스트 기억 수단에 기억된 증여처의 포인트에 가산하는 단계 및

서비스 포인트가 증여된 것을 증여처의 전화번호를 이용해 전화로 증여처에 통지하는 단계로 이루어진 서비스 방법

[판단]

청구항에 관련된 발명은 전화, 고객 리스트 기억 수단이라고 하는 수단을 사용하는 것이지만, 전체적으로 보면 이 발명은 이들 수단을 도구로서 이용하는 인위적 결정 그 자체이어서 자연법칙을 이용하지 않은 것에 해당한다. 따라서 청구항에 관련된 발명은 발명에 해당하지 않는다.

2. 일본의 특허제도와 실무

2.1 특허법 및 판례에 의한 특허 적격성 판단

2.1.1 특허법에 의한 특허 적격성 판단

인터넷 등의 정보통신기술의 급속한 발전과 보급에 의해 소프트웨어 발명에 대한 관심이 높아지고, 네트워크에 의한 컴퓨터 프로그램의 유통 형태가 일반화됨에 따라 이러한 거래의 형태에

대응한 컴퓨터 프로그램의 적절한 보호가 요구되고 있었다. 또한 미국에서부터 비롯된 소프트웨어 특허로 일본에서도 소프트웨어 특허의 필요성에 대한 요구가 있었다.

2002년 특허법 개정법에서는 발명의 실시의 정의(특허법 제2조)의 규정이 개정돼 발명의 실시에 관해 '프로그램 등'이 '물건의 발명'에 포함되는 것을 명확히 규정했으며, '프로그램 등'의 정의도 규정했다.

일본 특허법 제2조 제1항은 우리나라 특허법과 마찬가지로 「발명이란 자연법칙을 이용한 기술적 사상의 창작 중 고도한 것을 말한다.」라고 규정하고 있고, 발명으로 성립하기 위해서는 「자연법칙을 이용한 기술적 사상의 창작」일 것을 명확히 하고 있다. 이와 같이 특허 대상인 발명을 특허법으로 적극적으로 정의한 것은 미국 특허법 제101조 및 유럽 특허법 제52조(2)와도 상이한 접근 방식이다. 왜 일본이 특허법 개정을 통해 컴퓨터 프로그램을 보호대상에 포함시켰는지 그 이유는 앞서 살펴본 '3.1 소프트웨어 발명'란을 참고해볼 필요가 있다.

따라서 일본에서 영업방법을 포함한 소프트웨어 발명이 특허의 대상이 되는지의 여부는 특허법 제2조에서 정의하고 있는 「자연법칙을 이용한 기술적 사상의 창작」에 해당하는가 여부에 의해 결정된다고 할 것이다.

일본의 특허법 제2조 제3항 제1호에서는 물건의 발명에 대해서 다음과 같이 정의하고 있다.

물건(프로그램 등을 포함한다. 이하 동일하다)의 발명에 있어서는 그 물건의 생산, 사용, 양도 등(양도 및 대여를 말하며, 그 물건이 프로그램 등인 경우에는, 전기통신회선을 통한 제공을 포함한다. 이하 동일하다), 또는 수입 또는 양도 등의 신청(양도 등을 위한 전시를 포함한다. 이하 동일하다)을 하는 행위

또한 일본 특허법 제2조 제4항은 「프로그램 등」을 다음과 같이 정의하고 있다.

이 법률에서 「프로그램 등」이란, 프로그램(전자계산기에 대한 명령으로서, 하나의 결과를 얻을 수 있도록 이루어진 것을 말한다. 이하 이 항에서 같다.) 기타 전자계산기에 의한 처리를 위해 제공하는 정보로서 프로그램에 준하는 것을 말한다.

이와 같이 컴퓨터 프로그램을 특허법상 물건의 발명 유형으로 정의했고, IP5 특허청 중에서 유일하게 일본만 특허법에 소프트웨어 발명의 정의 규정을 포함하고 있다는 점이 특징이다.

2.1.2 판례에 의한 특허 적격성 판단[평 17(行ヶ) 10698 (2006.9.26)]

[1] 발명의 명칭 및 청구범위의 내용

발명의 명칭: 포인트 관리장치 및 방법
2003년 2월 17일자 보정서에 의한 보정후의 청구항 11은 다음과 같다.

[청구항 11]

사용자의 포인트 캠페인마다 포인트 어카운트를 사용해 해당 포인트 캠페인마다의 누적 포인트를 기억하는 포인트 어카운트 데이터베이스를 참조해 포인트를 관리하는 방법에 있어서,

사용자의 식별정보와 사용자가 입력한 기호열을 포함하는 송신정보를 네트워크를 통해 수신하는 스텝과,

상기 송신정보를 수신한 것에 대응해 상기 사용자의 식별정보에 기초해 결정된 사용자의, 상기 기호열에 기초해 결정된 포인트 캠페인의 포인트 어카운트에 관해 상기 포인트 어카운트 데이터베이스의 누적 포인트에 소정 포인트를 가산하는 스텝을 가지는 것을 특징으로 하는 포인트 관리방법

[2] 사건의 요약

취소사유 2(제1 보정에 대한 판단의 잘못)와 취소사유 3(제2 보정에 대한 판단의 잘못)으로서, 제1 및 제2 보정에서 삽입된 사항이 일본 특허법 제17조의 2 제4항 제2호에 규정된 「청구항에 기재된 발명을 특정하기 위해 필요한 사항을 한정하는 것」인지 여부가 다투어졌다. 취소사유 4('발명'의 성립성에 대한 판단의 잘못)로서, 보정 전의 청구항 11(이하에서는 이를 '본원 청구항 11'이라 함)이 인간이 각 수단을 조작해 포인트 관리를 행하는 경우, 컴퓨터가 포인트 관리를 행하는 경우의 각 경우에 발명에 해당하는가의 여부가 다투어졌다.

재판소는 취소이유 2 및 3과 관련해서 제1 보정이 제1 보정

전의 청구항 1에 기재된 발명을 특정하는 데 필요한 사항을 한정하는 것이 아니라고 판시했다. 또한 재판소는 취소사유 4와 관련해 본원 청구항 11은 인간이 각 수단을 조작해 포인트 관리를 할 수 없다고 하는 원고의 주장에 대해, 『청구항 11은 '기억', '수신', 가산 등의 행위의 주체가 컴퓨터에 한정되어 있지 않아 청구항 기재의 각 행위를 인간이 행하는 것도 가능하며, 이 경우 「본원발명은 '네트워크, 포인트 어카운트 데이터베이스'라는 수단을 사용하고는 있지만, 전체적으로 보면 이들 수단을 도구로서 사용하는 것에 불과하기 때문에, 포인트를 관리하기 위한 인위적 약속 그 자체이다. 따라서 본원 발명은 자연법칙을 이용한 기술적 사상의 창작으로 인정할 수 없다』고 판시했다.

또한 『컴퓨터가 포인트 관리를 행하는 경우에 있어서도 본원 발명은 「포인트 관리방법」인 발명이지만, 포인트 관리를 행하는 각 스텝의 행위가 컴퓨터인 것은 구 청구항 11에는 명시되지 않고 컴퓨터의 구성요소, 즉 하드웨어 자원을 직접적으로 나타내는 사항은 어디에도 기재되어 있지 않다. 상기 구 청구항 11에는 「네트워크」, 「데이터베이스」라는 기재가 있지만, 「데이터베이스」는 정리해 체계적으로 축적된 데이터의 집합을 의미하고, 「네트워크」는 통신망 또는 통신수단을 의미하는 것이므로, 어떠한 문헌도 컴퓨터를 사용한 것에 한정되는 것은 아니다. 따라서 구 청구항 11의 기재로부터는 본원 발명의 「포인트 관리방법」으로서 컴퓨터를 사용한 것이 상정된다고 하더라도, 「소프트웨어 자원과 하드웨어 자원이 협동한 구체적 수단에 의해, 사용목적에 따른 정보의 연산 또는 가공을 실현함으로써 사용목적에 따른 특유의 정보 처리 장치의 동작방법을 파악할 수 있을 정도의 기재는 아니다」라고 했다.

즉, 구 청구항 11이 정보 처리의 흐름이 존재한다고 하더라도, 하드웨어 자원을 사용해 정보 처리가 구체적으로 실현되어 있다고 볼 수 없기 때문에, 본원 발명이 자연법칙을 이용한 기술적 사상의 창작이라고는 인정할 수 없다」고 판시했다.

[3] 정리

방법 청구항에 네트워크나 데이터베이스와 같은 기재가 있더라도 컴퓨터 주체가 명확히 기재되어 있지 않다는 이유로 발명의 성립성이 인정되지 않은 사건이다. 따라서 영업방법 발명의 방법 청구항에서는 청구항의 각 단계가 컴퓨터 수단이 수행하는 것을 명확히 할 필요가 있다. 다만 이 경우에도 각 단계를 단순히 컴퓨터가 수행한다는 정도로만 기재하는 경우에는 소프트웨어 자원과 하드웨어 자원이 협동한 구체적 수단이 아니라는 이유로 발명의 성립성 위반으로 거절될 수 있으므로, 소프트웨어와 하드웨어의 협동을 인정받기 위해서는 청구항의 각 단계에 기억부와 같은 하드웨어 부품을 보다 한정적으로 기재할 필요가 있다.

2.2 컴퓨터·소프트웨어 발명의 심사기준에 의한 특허 적격성 판단

일본 특허청은 영업방법 발명을 소프트웨어 관련 발명의 하나의 형태로서 인정하고, 컴퓨터·소프트웨어 관련 발명의 심사기준 내에서 운용하고 있다.

일본 특허청은 영업방법 발명을 영업방법을 구현하는 컴퓨터 소프트웨어의 측면에서 고찰해 발명에 해당하는지 여부를 판단하는 심사 실무를 취하고 있다. 일본에서 소프트웨어 발명이 특허의 대상이 되는지 여부의 판단에서 가장 중요하게 고려되는 사항은 특히 영업방법 발명이 「자연법칙을 이용한 기술적 사상의 창작」에 해당하는가의 여부다.

2000년 심사기준 및 2002년 특허법 개정에 의해 「컴퓨터 프로그램」도 물건의 발명으로서 청구항에 기재될 수 있게 됨에 따라, 발명의 청구항 형식에 구애받지 않고 발명의 실질적 내용을 중심으로 특허 적격을 부여하는 심사 실무를 유지하고 있다.

2.2.1 현행 컴퓨터·소프트웨어 관련 발명 심사기준(2002년)의 개요

일본의 현행 심사기준인 '특정 기술 분야의 심사의 운영지침 제1장 컴퓨터·소프트웨어 관련 발명'에 나타난 주요 내용은 다음과 같다.

[1] 대상으로 되는 발명

심사의 대상으로 되는 발명은「청구항에 관한 발명」(청구항의 기재 사항으로부터 파악되는 발명)이다.

[2] '발명'일 것(발명의 성립성이 인정될 것)

청구항에 관한 발명이「자연법칙을 이용한 기술적 사항의 창작」일 것

① 기본적인 판단 방법

    ㉮「소프트웨어에 의한 정보 처리가 하드웨어 자원을 이용해 구체적으로 실현하고 있을 것」, 즉 소프트웨어가 컴퓨터에 판독되어 소프트웨어와 하드웨어 자원이 협동한 구체적 수단에 의해, 사용 목적에 따른 정보의 연산 또는 가공을 실현함으로써 사용 목적에 따른 특유의 정보 처리 장치 또는 그 동작 방법이 구축되는 경우에는 그 사용 목적에 따른 특유의 정보 처리 장치 또는 그 동작 방법은「자연법칙을 이용한 기술적 사항의 창작」에 해당한다.

    ㉯ 소프트웨어가 위의 조건을 충족한 경우,「해당 소프트웨어와 협동해 동작하는 정보 처리 장치 및 그 동작 방법, 해당 소프트웨어를 기록한 컴퓨터로 판독 가능한 기록매체」도「자연법칙을 이용한 기술적 사상의 창작」에 해당한다.

② 판단의 구체적인 순서

소프트웨어 관련 발명에 있어서 청구항에 관련된 발명이 「자연법칙을 이용한 기술적 사상의 창작」인지 아닌지(특허법상의 「발명」인지 아닌지)를 판단하는 구체적인 방법은 다음과 같다.

㉮ 청구항에 기재된 사항에 근거해, 청구항에 관련된 발명을 파악한다.

또한 파악된 발명이 「자연법칙을 이용한 기술적 사상의 창작」인지 아닌지 판단할 때 소프트웨어 관련 발명에 특유의 판단, 취급이 필요하지 않는 경우에는 일본 특허심사기준 '제Ⅲ부 제1장의 「산업상 이용 가능한 발명」'의 판단 기준에 따라 판단한다. 일본 특허심사기준 제Ⅲ부 제1장은 약 12페이지 분량이므로 이 책에서는 다루지 않았다.

㉯ 청구항에 관련된 발명에 있어서 소프트웨어에 의한 정보 처리가 하드웨어 자원(예: CPU 등의 연산 수단, 메모리 등의 기억 수단)을 이용해 구체적으로 실현되고 있는 경우, 즉 소프트웨어와 하드웨어 자원이 연계한 구체적 수단에 의해서 사용 목적에 대응한 정보의 연산 또는 가공을 실현한 것에 따라 사용 목적에 대응한 특유의 정보 처리 장치(기계) 또는 그 동작 방법이 구축된 경우 당해 발명은 「자연법칙을 이용한 기술적 사상의 창작」이다.

㉰ 한편 소프트웨어에 의한 정보 처리가 하드웨어 자원을 이용해 구체적으로 실현되고 있지 않는 경우 당해 발명은

「자연법칙을 이용한 기술적 사상의 창작」이 아니다.

③ 발명의 적격성 판단 시 유의사항

㉠ 청구항에 관련된 발명이 판단의 대상이므로, 「소프트웨어에 의한 정보 처리가 하드웨어 자원을 이용해 구체적으로 실현된 것」이 발명의 상세한 설명 및 도면에 기재되어 있어도 청구항에 기재되어 있지 않는 경우에는 「발명」에 해당하지 않는다고 판단되는 것에 주의를 요한다.

㉡ 청구항에 관련된 발명이 「자연법칙을 이용한 기술적 사상의 창작」이 아닌 경우라도 발명의 상세한 설명 기재에 근거해 청구항에 기재된 사항을 보정한 것에 의해 「자연법칙을 이용한 기술적 사상의 창작」으로 될 수 있는 경우 심사관은 거절이유를 통지할 때에 보정의 시사를 병행하는 것이 바람직하다.

㉢ 청구항에 관련된 발명이 「자연법칙을 이용한 기술적 사상의 창작」인지 아닌지를 판단하는 경우 청구항에 기재된 발명의 카테고리(「방법의 발명」 또는 「물건의 발명」)에 구애되지 않고, 청구항에 기재된 발명을 특정하기 위한 사항(용어)의 의의를 해석한 다음 판단하도록 유의한다.

㉣ 「프로그래밍 언어」 또는 「프로그램 리스트」로서 특허 청구된 발명에 관해서는 각자 인위적인 결정 또는 정보의 단순한 제시에 해당하므로, 「자연법칙을 이용한 기술적 사상의 창작」이 아니고, 「발명」에 해당하지 않는다.

2.2.2 영업방법 발명에 대한 심사 실무

현행 컴퓨터·소프트웨어 관련 발명의 심사기준에 기초한 영업발명의 성립성 여부의 심사 실무를 정리하면 다음과 같다.

① 영업방법 발명의 경우 발명의 성립성 여부 판단은 영업방법에 특징이 있는가의 여부의 관점이 아니라, 영업방법을 구현하기 위한 소프트웨어 및 하드웨어의 관점에서 판단된다. 구체적으로 「하드웨어와 소프트웨어를 일체로 이용해 영업 아이디어를 구체적으로 실현하고 있는가 여부」에 의해 판단된다.

여기서 「하드웨어와 소프트웨어를 일체로 이용해 구체적으로 실현하는 것」은 「소프트웨어와 하드웨어 자원이 협동한 구체적 수단에 의해 사용 목적에 따른 정보의 연산 또는 가공을 실현함으로써 사용 목적에 따른 특유의 정보 처리 장치 또는 그 동작 방법이 구축되는 것」을 의미한다.

② 영업방법 발명에서는 장치 발명의 표현 형식을 간단히 방법적인 표현으로 바꾼 것만으로 그 장치의 동작 방법으로서 적절한 표현으로 인정되지 않아 '발명의 성립성'이 인정되지 않는 것으로 판단되는 경우가 있다. 따라서 영업방법 발명을 '방법의 발명'으로서 청구항에 기재하는 경우에는 하드웨어 자원과 소프트웨어를 일체화해 이용해 어떤 영업 아이디어를 구체적으로 실현하되 「정보 처리 장치의 동작 방법」으로서

구체적으로 기재해야 한다. 다만 실무적으로는 「소프트웨어에 의한 정보 처리」가 어느 정도 「구체적으로 실현」되고 있을 것인가가 문제로 된다.

2.2.3 심사기준에서 영업방법 발명의 성립성에 관한 Q&A[6] (2003년)

영업방법 발명에 대한 컴퓨터·소프트웨어 관련 발명의 심사기준이 명확하지 않아서 이해하기 어렵다는 여론에 따라 2003년 4월 일본 특허청은 영업방법 발명에 대한 심사기준의 이해를 돕고자 일본 특허청 홈페이지에 Q&A 형식으로 그 심사기준을 구체적으로 게시했다.

일본 특허청 조정과 심사기준실이 Q&A 형식으로 제시하고 있는 영업방법 관련 발명의 적격성에 대한 사례별 판단 기준[7]을 재정리하면 다음과 같다.

[질문 1] 비즈니스 관련 발명의 경우 발명의 특징은 비즈니스 방법에 있는데 비즈니스 방법 자체는 왜 특허가 될 수 없는 것인가? 왜 「컴퓨터」 또는 「네트워크」의 이용 유무를 고려해서 「발명」인지 여부(특허 적격성)를 판단하는가?

[답] 비즈니스 관련 발명의 경우 어떠한 비즈니스(아이디어)를 실현하는 것인지에만 주목하기 쉽지만, 「발명」인지 여부의 판단은

---

6. 일본 특허청(JPO) 홈페이지에 게재된 영업발명의 특허 적격성 판단 기준 부분만 번역 및 재정리함. http://www.jpo.go.jp/cgi/link.cgi?url=/toiawase/faq/biz_kanren_q.htm

7. http://www.jpo.go.jp/cgi/link.cgi?url=/toiawase/faq/biz_kanren_q.htm

비즈니스 방법 자체에 특징이 있는지 여부의 관점뿐만 아니라, 「소프트웨어」 자체를 창작했는지, 또는 「정보 처리 장치(또는 그 동작 방법)」을 창작했는지 관점으로부터 판단이 시작된다.

예를 들면 청구항과 관련되는 발명으로서 경제 법칙, 인위적 결정, 및 인간의 정신 활동만을 이용하는 비즈니스 방법이 특허 청구되고 있는 경우에 그 비즈니스 방법은 자연법칙을 이용하고 있지 않다고 해 특허법상 보호를 받을 수 없다.

또한 청구항에 「컴퓨터」나 「네트워크」의 이용이 기재되어 있을지라도 그것이 단순히 비즈니스를 수행하기 위한 도구로서 이용하거나 인위적 상호결정 등에 지나지 않는 비즈니스 방법에서 단지 형식적으로 「(그 비즈니스 방법이) 컴퓨터에 의해서 수행되는」 것을 특정한 것에 불과한 경우에는 「소프트웨어」 자체를 창작했다고는 볼 수 없기 때문에 발명에는 해당하지 않게 된다.

따라서 단순히 「컴퓨터」나 「네트워크」의 이용 유무만으로 「발명」에 해당하는지 여부를 판단하는 것이 아니라, 하드웨어와 소프트웨어를 일체로서 이용해 어떤 아이디어를 구체적으로 실현하고 있는지의 여부에 의해 판단된다.

[질문 2] 컴퓨터·소프트웨어 심사기준에서는 청구항에 관련되는 발명이 「소프트웨어에 의한 정보 처리가 하드웨어 자원을 이용해 구체적으로 실현되고 있는 경우에 해당 소프트웨어는 '자연법칙을 이용한 기술적 사상의 창작'이다」라고 기재되어 있는바

「소프트웨어에 의한 정보 처리」가 어느 정도로 「구체적으로 실현」되어야 하는가?

[답] 컴퓨터·소프트웨어 심사기준에서 영업발명이 특허받기 위해서는 컴퓨터와 소프트웨어를 일체로서 이용한 「발명」에 해당해야만 한다고 규정하고 있다. 즉, 어떤 아이디어를 실현하기 위해 범용 컴퓨터 또는 기존의 네트워크·시스템 및 소프트웨어를 이용하고, 어떤 아이디어를 실현하기 위한 전용 장치를 창작했다고 말할 수 있는 경우에는 이 전용 장치(또는 그 동작 방법)는 「자연법칙을 이용한 기술적 사상의 창작」에 해당한다. 또한 이 전용 장치에 내장된 소프트웨어 자체도 「자연법칙을 이용한 기술적 사상의 창작」이라고 할 수 있다.

컴퓨터·소프트웨어 심사기준에서는 소프트웨어의 창작성에 주목해 「청구항과 관련되는 발명에서 소프트웨어에 의한 정보 처리가 하드웨어 자원을 이용해 구체적으로 실현되고 있는」 경우에는 해당 소프트웨어가 컴퓨터에서 읽혀지는 것에 의해 사용 목적에 따른 특유의 정보 처리 장치(전용 장치)가 구축되어 있다고 말할 수 있기 때문에 해당 발명은 특허법상의 「발명」에 해당한다고 한다.

또한 정보 처리 장치의 창작성에 주목해 「소프트웨어와 하드웨어 자원이 협동한 구체적 수단에 의해 사용 목적에 따른 특유의 정보 처리 장치(기계) 또는 그 동작 방법이 구축되어 있는」 경우에도 당해 발명이 「발명」에 해당한다.

기본적으로 소프트웨어 관련 발명이 「발명」에 해당한다고 말할 수 있기 위해서는 상술한 것처럼 정보 처리 장치 또는 그 동작 방법이 구축되어 있고 「소프트웨어에 의한 정보 처리」 혹은 「소프트웨어와 하드웨어 자원이 협동한 구체적 수단」이 특정되고 있으면 특허법상의 「발명」에 해당할 수 있다. 다만 「소프트웨어에 의한 정보 처리」 혹은 「소프트웨어와 하드웨어 자원이 협동한 구체적 수단」이 청구항에 어느 정도 구체적으로 특정될 필요가 있을지에 대해서는 구체적으로 개별 사안에 따라서 판단될 것이다.

[질문 3] 이번 컴퓨터·소프트웨어 심사기준에서는 소프트웨어 자체의 창작을 「발명」으로서 취급하는 것인데, 소프트웨어의 창작성을 판단하기 위해서 왜 하드웨어 자원을 이용하는 것이 필요한가? 또는 청구항에 어느 정도로 하드웨어 자원을 특정해 하는 것인가?

[답] 컴퓨터·소프트웨어 심사기준에서는 하드웨어 자원을 이용한 소프트웨어 자체의 창작을 「발명」으로서 취급하고 있지만, 「소프트웨어」를 특허 청구하려고 하는 경우에도 하드웨어 자원을 어떻게 이용하고 있는지를 청구항에 특정하는 것이 필요하다.

그런데 특허 받고자 하는 발명은 청구항의 기재에 근거해 파악되기 때문에 청구항에 어느 정도로 하드웨어 자원을 특정했는지 여부에 의해 청구항과 관련된 발명의 특허성이 영향을 받는다. 일반적으로는 소프트웨어를 실행시키는 데 필요한 하드웨어 자원(예: 메모리, 레지스터)을 청구항에 상세하게 특정하면 청구항과 관련된 발명은 소프트웨어 자체의 창작으로써 「발명」에 해당할 가능성이 높아지고, 반대로 형식적으로 하드웨어 자원을 기재한 것에 지나지 않는 경우에는 통상 청구항과 관련된 발명은 소프트웨어 자체의 창작은 아니라고 판단될 수 있다.

이와 같이 청구항과 관련된 발명이 소프트웨어의 창작인 것을 판단할 수 있는 정도로, 청구항에 하드웨어 자원을 명시적 또는 암시적으로 기재하는 것이 필요하다. 다만 하드웨어 자원을 명시하지 않더라도 그 소프트웨어의 각 단계가 컴퓨터상에서 실행되는 것이 명확한 경우에는 청구항에 하드웨어 자원이 암시적으로 기재되어 있게 된다(예: 태스크 관리, 통신 제어를 위한 소프트웨어 등)고 판단된다.

[**질문 4**] 비즈니스 분야의 경우 사람에 의해서 행해지는 방법은 「발명」이 아니라고 판단되는 것 같지만, 제조업의 분야에서는 사람에 의해서 행해지는 방법에서도 「발명」에 해당하는 것이 있다. 「발명」인지 여부 판단 시에 비즈니스 분야의 발명과 다른 분야의 발명은 서로 달리 취급을 하고 있는가?

[**답**] 청구항과 관련된 발명(특허 방법 발명)이 「자연법칙을 이용한 기술적 사상의 창작」인지 아닌지를 판단하는 경우 사람에 의해서 그 방법이 이루어진다는 것만으로 무조건 「발명」이 아니라고

판단하지는 않는다. 이러한 판단의 기준은 비즈니스 분야뿐만 아니라 다른 분야(예: 제조업 분야)에서도 동일하게 적용된다. 아래에서 비즈니스 방법과 제조 방법의 분야에서의 발명을 예를 들어 설명한다.

① 비즈니스 방법: 비즈니스 관련 발명을 방법의 발명으로서 특허 청구했을 경우 청구항에 기재된 방법이 사람에 의해서 수행된다고 해 무조건 「발명」이 아니라고 판단되는 것은 아니다. 그러나 사람에 의해서 행해지는 비즈니스 방법은 통상 경제 법칙, 인위적 결정, 인간의 정신 활동을 이용한 것이며 자연법칙을 이용하고 있지 않기 때문에 「발명」에 해당하지 않는다고 판단된다. 한편 하드웨어와 소프트웨어를 일체로 이용해 어떤 비즈니스 아이디어를 구체적으로 실현해 정보 처리 장치의 동작 방법으로서 특허 청구했을 때에는 「정보 처리 장치의 동작 방법」을 창작했다고 하는 관점으로부터 「발명」에 해당하게 된다.

② 제조 방법: 제조업 분야의 경우 제조 방법 자체는 통상 기기 등에 대한 제어, 제조되는 대상물의 물리적 성질 또는 기술적 성질을 이용하고 있는 것이 많아서, 그 방법 자체에 자연법칙이 이용되고 있다고 판단된다. 따라서 그 방법이 사람 혹은 컴퓨터의 어느 것에 의해서 이루어지는지에 관계없이 통상 「발명」에 해당한다고 말할 수 있다.

덧붙여 어느 제조 방법이 정보 처리 장치의 동작 방법으로서 특허 청구되고 있는 경우 컴퓨터·소프트웨어 기준을 적용할 수도 있지만, 제조 방법 자체가 「자연법칙을 이용한 기술적 사상의 창작」으로서 판단할 수 있는 이상, 굳이 컴퓨터·소프트웨어 기준을 적용할 필요는 없다.

[**질문 5**] 청구항과 관련된 발명이 복수의 절차(단계)로 구현되는 방법의 발명이며, 그중 일부의 절차(단계)가 자연법칙을 이용하고 있고, 그 외의 다른 절차가 인간의 동작으로 이루어지는 단계, 혹은 사람의 정신적 활동에 근거해 판단하는 단계에 해당하는 경우 심사 과정에서 어떻게 판단되는가?

[**답**] 「발명」인지 여부 판단 시에는 청구항에 기재된 발명이 전체적으로 자연법칙을 이용하고 있는지 아닌지 여부를 고려한다. 그리고 어떠한 경우에 전체적으로 자연법칙을 이용한 것이 되는지에 대해서는 기술의 특성을 고려해 판단된다.

비즈니스 관련 발명에서 청구항에 기재된 일부의 절차(단계)가 인간의 동작으로부터 구현되는 단계에 해당하는 경우 통상 그 동작은 비즈니스의 하나의 절차이며, 자연법칙을 이용하고 있다고는 말할 수 없기 때문에 청구항과 관련되는 발명을 전체적으로 봐도 자연법칙을 이용하고 있다고는 말할 수 없다. 또한 비즈니스 관련 발명에서 청구항에 기재된 일부의 절차가 사람의 정신적 활동에 근거하는 판단 단계에 해당하고 있는 경우에도 그 절차는 자연법칙을 이용하고 있다고는 할 수 없기 때문에 청구항에 관련된 발명은 전체적으로 보아도 자연법칙을 이용하고 있다고는 할 수 없다.

[질문 6] 발명이 해결하려고 하는 과제가 반드시 산업적으로 이용할 수 있음을 기재해야 「발명」으로서 인정받는 것인가?

[답] 발명의 상세한 설명에서 기술상의 과제를 명확하게 기재해야 하고, 그 과제가 어떻게 해결됐는지를 기재하는 편이 바람직하다. 덧붙여 청구항 관련된 발명이 특허법상의 「발명」에 해당하는지 여부의 판단은 주로 청구항의 기재에 사항에 근거해 이루어지기 때문에 발명의 상세한 설명 중에 발명이 해결하려고 하는 과제가 산업적으로 이용할 수 있는지 여부의 기재가 없다는 이유만으로 「발명」인지 여부의 판단에 직접 영향을 주지 않는다.

[질문 7] 청구항 1에는 「…수단, …수단, …수단을 갖춘 시스템」, 청구항 2에는 청구항 1의 표현 형식을 바꾸어 「…하고, …하고, …하는 방법」으로서 특허 청구했는데, 청구항 2에 대해서만 「발명」이 아니라는 취지의 거절이유가 통지되었다. 청구항 1의 장치 발명은 「발명」에 해당한다고 생각할 수 있지만, 청구항 1의 표현 형식을 바꾸었을 뿐인 방법 발명이 「발명」에 해당하지 않는 이유는 무엇인가.

[답] 「시스템」(물건의 발명)으로서 특허 청구된 청구항 1이 소프트웨어와 하드웨어 자원이 협동한 구체적 수단에 의해서 사용 목

적에 따른 특유의 정보 처리 장치(기계)가 구축되고 있는 경우 청구항 2에 대해 해당 「시스템」의 동작 방법으로서 적절하게 표현되고 있으면 청구항 2와 관련되는 발명도 「발명」에 해당한다.

영업방법 관련 발명의 경우 소프트웨어에 의한 정보 처리와 순수한 영업방법의 처리가 유사하게 구현되는 경우가 많기 때문에 「…수단, …수단, …수단을 갖춘 시스템」의 표현을 「…하고, …하고, …하는 방법」이라고 바꿨더라도 그 방법 발명이 「컴퓨터에 의한 정보 처리 방법」과 「영업방법을 실시하는 방법」의 양자로 해석되는 일이 있다. 그래서 청구항 2의 발명이 「영업방법을 실시하는 방법」으로서 해석되는 경우에는 「발명」에 해당하지 않는다고 판단된다.

이와 같이 장치 발명의 표현 형식을 방법 발명의 표현으로 바꾸는 과정에서 장치에 의한 동작 방법으로서 적절하게 표현되지 않는 경우에는 「발명」에 해당하지 않는다고 판단되는 경우가 있다. 덧붙여 이러한 경우에는 청구된 발명이 불명확함을 이유로 거절이유가 동시에 통지된다. 이 거절이유를 회피하기 위해서는 반드시 정보 처리 장치에 의한 동작 방법인 것으로 파악될 수 있도록 청구항을 명확하게 기재할 필요가 있다.

2.3 일본 특허청의 특허 적격성 심사 실무 사례

2.3.1 발명의 성립성이 부정되는 사례

사례 1

[청구항]
상품 제조시에 상품의 제조시각과 그 상품의 판매 기한과 그 상품의 정가를 나타내는 라벨을 그 상품에 첨부해 두고 상품을 판매하는 시점에서 판매가를 아래의 식

$$판매가(買價)=f(상품의\ 판매\ 시각) \times 상품의\ 정가$$

로 결정하는 상품의 판매가 결정 방법
(다만, 함수 f는 단조 감소 함수로서 $0 \le f(상품의\ 판매\ 시각) \le 1$)

[판단]

청구항에 기재된 상품의 판매가 결정 방법은 라벨이라는 것을 이용하고 있지만 경제 법칙(수요와 공급의 균형) 및 인위적 결정에 근거하고 있기 때문에 전체로서 자연법칙을 이용하고 있지 않는 것이다. 따라서 청구항에 관계된 발명은「발명」에 해당하지 않는다.

다만 특허 청구범위를
「상품에 첨부된 상품의 제조시각과 그 상품의 판매기한과 그 상품의 정가를 기록한 2차원 바코드를 판독하는 2차원 바코드 판독수단, 현재 시각을 출력하는 시계 수단, 판매가를 계산하는 연산수단, 판매가를 나타내는 표시수단, 상기 2차원 바코드 판독수단, 시계수단, 연산수단, 표시수단을 제어하는 제어수단을 구비한 레지스터에 있어서의 상품의 매가 계산방법에 있어서, 상품

에 첨부된 2차원 바코드를 상기 2차원 바코드 판독수단이 판독하는 단계, 상기 2차원 바코드 판독수단으로부터 출력된 정보를 상기 제어수단이 받아들이는 단계, 상기 제어수단이 상기 정보와 상기 시계수단에 의해 얻어지는 현재시각을 연산수단에 출력하는 단계,

상기 연산수단이 하기의 식

$$\text{매가} = f(\text{상품의 판매시각}) \times \text{상품의 정가}$$

(다만, 함수 f는 단조 감소 함수로서 $0 \leq f(\text{상품의 판매시각}) \leq 1$)

에 근거해 계산하고, 그 계산결과를 상기 제어수단에 출력하는 단계,

상기 제어 수단이 상기 계산결과를 상기 표시수단에 의해 표시시키는 단계를 포함하는 레지스터에 있어서의 상품의 판매가 계산방법」

이라고 보정하는 경우에는 그 발명은 자연법칙을 이용한 기술적 사상의 창작이다.

사례 2

[청구항]
출석확인의 전자메일에 대한 회신 메일이 온 순서대로 파티 개최 시에 경품을 증정한다는 알림을 첨부한 출석확인 전자메일을 참가 예정자 명부에 근거해 송부하는 단계,
해당 출석확인 전자메일에 대한 회신 전자메일을 접수하는 단계,
해당 회신 전자메일이 도착한 순번을 참가자 예정자 명부에 등록하는 단계,

파티 개최 시에 회비를 징수하는 단계,
회비징수 후 참가 예정자 명부에 등록된 순번에 근거해 경품을 증정하는 단계
를 포함하는 개최방법

[판단]

청구항에 기재된 파티 개최방법은 파티 참가의 확인에 전자메일
이라고 하는 시스템을 이용하고 있지만 파티 주최자 측과 참가
자 측에서 참가 확인을 수행하고 참가 의사표시를 한 순서대로
경품을 증정한다고 하는 인위적 결정에 근거하고 있기 때문에
전체적으로 자연법칙을 이용하고 있지 않는 것이다. 따라서 청
구항에 관계된 발명은「발명」에 해당하지 않는다.

다만 특허 청구범위를
「입력수단, 전자메일 송수신수단, 참가 예정자명, 참가 예정자의
전자메일 어드레스, 참가 예정자의 출석확인 전자메일에 대한
회신 전자메일을 수신한 순번을 참가 예정자마다 기억하는 참가
예정자 명부 기억수단, 출석확인 전자메일에 대한 회신 전자메
일이 도착한 순서대로 파티 개최 시에 경품을 증정하는 내용의
알림을 기억하는 알림 기억수단, 표시수단, 제어수단을 구비한
파티 개최 지원용 정보 처리 장치의 동작방법으로서,
해당 제어수단이 해당 참가 예정자 명부 기억수단으로부터 읽어
낸 복수의 전자메일 어드레스와 해당 알림 기억수단에 기억된
알림을 읽어내는 단계,
해당 전자메일 어드레스를 수신인으로 해 해당 알림을 전자메일

송수신 수단에 의해 출석확인 전자메일이라고 제목을 붙여서 송신하는 단계,

해당 전자메일 송수신수단에 의해 수신한 해당 출석확인 전자메일에 대한 회신 전자메일을 검출하는 단계,

회신 전자메일을 검출할 때 마다 해당 회신 전자메일이 온 순번을 해당 참가 예정자 명부 기억수단에 기억하는 단계,

회신 전자메일의 검출 종료 지시를 입력수단에 의해 검지한 경우, 회신 전자메일을 송신한 모든 참가 예정자에 대해 참가 예정자 명부 기억수단에 기억된 참가 예정자명 및 회신 전자메일이 도착한 순번을 표시수단에 출력하는 단계를 실행하는 파티 개최 지원용 정보 처리 장치의 동작방법」

으로 보정한 경우에는 그 발명은 자연법칙을 이용한 기술적 사상의 창작이다.

사례 3

> [청구항]
> 시장조사 대상이 되는 상품과 조사 목적을 입력하는 단계와
> 고객 관리 정보에 근거해 앙케이트 대상자를 고객층마다 추출하는 단계와
> 고객층마다 그 고객층과 조사 목적에 대응하는 질문 항목을 결정하는 단계와
> 추출된 각 고객층의 앙케이트 대상자에 대해서 컴퓨터 네트워크를 매개로 대응하는 질문 항목으로 구성된 앙케이트를 송부하고, 컴퓨터 네트워크를 매개로 회답을 회수하는 단계와
> 회답에 대해서 고객층 및 질문 항목마다 데이터를 집계하는 단계와
> 집계 결과를 고객층 및 질문 항목마다 단말에 표시하는 단계로 이루어진 컴퓨터 네트워크를 이용한 시장조사·분석 방법.

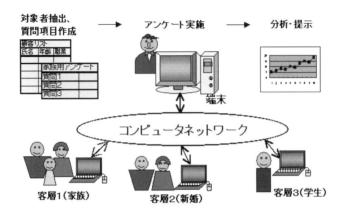

図

[판단]

이 발명은 시장조사·분석 방법의 일부 단계에서 컴퓨터 네트워크를 이용하고 있다. 그러나 이 컴퓨터 네트워크는 앙케이트의 송부와 회수를 실시하기 위한 도구로서 이용되고 있는 것에 지나지 않고, 이 시장조사·분석 방법을 하는 일련의 단계를 컴퓨터가 하는 것은 아니기 때문에 이 발명은 전체로서 자연법칙을 이용하고 있다고는 할 수 없다. 따라서 이 발명은 「자연법칙을 이용한 기술적 사상의 창작」에 해당하지 않는다.

사례 4(공개번호: JP 2013-543606, 2013.12.5.)

[청구항 1]
マルチメディアコンテンツアイテムを自動的に操作して共有する、コンピュータによる実施方法であって、
マルチメディアコンテンツアイテムを取得するステップと、
グラフィックユーザインターフェイスのユーザが関連アイテム情報を定義するステップと、

> 前記マルチメディアコンテンツアイテム及び前記関連アイテム情報を、該関
> 連アイテム情報を保持する選択した宛先に転送するステップと、
> を含むことを特徴とする方法.

멀티미디어 콘텐츠 아이템(item)을 자동적으로 조작해 공유하는 컴퓨터에 의한 실시 방법이고,

멀티미디어 콘텐츠 아이템(item)을 취득하는 스텝과,

그래픽 사용자 인터페이스(interface)의 사용자가 관련 아이템(item) 정보를 정의하는 스텝과,

상기 멀티미디어 콘텐츠 아이템 및 상기 관련 아이템(item) 정보를 그 관련 아이템(item) 정보를 보유하는 선택한 행선지에 전송하는 스텝과,

(을)를 포함하는 것을 특징으로 하는 방법.

[판단]

청구항 1에 기재된 「아이템(item) 정보를 정의하는 스텝」의 동작 주체가 명확하지 않고, 컴퓨터와 같은 정보 처리 장치^{information processor}를 이용하는 인간이 실시하는 정보의 조작 방법^{operating instruction}으로 해석될 수 있으므로, 이는 인간에 의한 인위적 결정에 근거하고 있기 때문에 전체적으로 자연법칙을 이용하고 있지 않는 것이다. 따라서 청구항에 관계된 발명은 「발명」에 해당하지 않는다.

3. 미국의 특허제도와 실무

3.1 개요

소프트웨어 특허는 미국에서부터 비롯됐기 때문에 소프트웨어 특허의 역사를 제대로 이해하기 위해서는 미국에서의 소프트웨

어 특허에 관한 판례를 살펴볼 필요가 있다. 미국에서 소프트웨어 특허의 특허 적격성에 대한 판단 기준은 연방대법원 판결 또는 연방순회항소법원^{Court of Appeal Federal Circuit}[8](이하 'CAFC'라고도 함)의 판결에 주로 기초하고 있다. 미국에서의 소프트웨어 특허에 대한 판단의 변화가 있을 때마다 그 중심에는 항상 중요한 대표 판례가 있었다는 점에 주목할 필요가 있다.

1990년대 이전, 소프트웨어에 대한 개념도 없던 시대에는 컴퓨터 관련 발명으로 인식되었다. 컴퓨터 관련 발명의 특허 적격성에 대해 연방대법원은 Benson 판결(1972년)[9], Flook 판결(1978년)[10] 및 Diehr 판결(1981년)[11]을 통해 나름 판단 기준을 제시했으나 당시에는 컴퓨터 산업의 초창기였고, 이를 특허로 보호해야 하는 필요성에 대한 사회적 공감대가 부족했었던 점을 고려하면 앞선 3개의 판결은 재판부의 심도 있는 결론이라고 인정하기에는 다소 부족함이 있다. 비로소 2010년 Bilski 판결을 통해 제시된 특허 적격성 판단 방법은 지난 30여 년간 컴퓨터 관련 발명에 대한 특허 적격성의 불명확성 판단 기준을 해소할 수 있는 의미 있는 판결로 인정받고 있다.

대법원은 1972년, Gottschalk v. Benson 사건에서 처음으로 수학적 알고리즘이 법정 특허 대상인지 여부에 대해 판단했는

---

8. 관세특허항소법원(CCPA)은 1982년 10월에 연방순회항소법원(CAFC)으로 개편되었다.

9. Gottschalk v. Benson, 409 U.S. 63(1972).

10. Parker v. Flook, 437 U.S. 584(1978).

11. Diamond v. Diehr, 450 U.S. 175(1981).

데, 해당 청구항 발명은 데이터를 십진수 형태에서 이진수 형태로 변경시키는 알고리즘에 관한 것이었다. 대법원은 해당 청구항은 인간이 정신적으로 수행할 수 있는 수학적 알고리즘을 컴퓨터로 구현하더라도 컴퓨터는 특정 프로세스에 연관된 유용한 기술적 도구로 인정될 수 없으므로 해당 청구항은 수학적 연산 또는 알고리즘에 해당해 추상적 아이디어에 불과하다고 판시했다.[12] 연방대법원은 Benson 판결부터 Flook 판결[13]에 이르기까지 수학적 알고리즘이 포함된 컴퓨터 관련 발명에 대해 특허 적격성을 인정하지 않았고, 하급 법원들 역시 1982년 연방대법원의 Diehr 판결 이전까지 수학적 알고리즘이 포함된 컴퓨터 관련 발명에 대해 전혀 특허를 부여하지 않았다.

---

12. 인용: 특허청, 컴퓨터 관련 발명의 성립성에 대한 해외 판례 연구집, 2006.5

13. Flook의 특허 청구 제1항의 발명은 탄산수소의 촉매 화학 변환으로 이루어지는 프로세스에 포함된 적어도 하나의 프로세스 변수로, 적어도 하나의 경보 한계점 값을 업데이트하는 방법으로서 경보 한계점은 현재 온도 변수의 현재 수치를 측정하고, 수학공식을 이용해 현재의 경보 한계선을 계산하고, 업데이트된 경보 한계선을 반영함. 연방 대법원은 Flook 발명이 오로지 경보 한계점 값을 계산하기 위한 새롭고 더 나은 방법만을 제시하고 있지만, 단순히 특정 문제에 대한 공식 적용의 결과(specific post-solution activity)가 있다고 해서 특허 대상이 될 수 없으며, 그것이 "새롭고 유용하게 적용되어야"하고, 비록 자연현상이나 수학공식이 널리 알려져 있더라도 원리의 독창적인 적용(an inventive application of the principle)이 있으면 특허 받을 수 있다고 판시함. 반대로 그러한 현상을 적용함에 있어 다른 독창적인 개념(some other inventive concept)이 없다면 특허 받지 못함(출처: 특허청, 컴퓨터 관련 발명의 성립성에 대한 해외 판례 연구집, 2006.5)

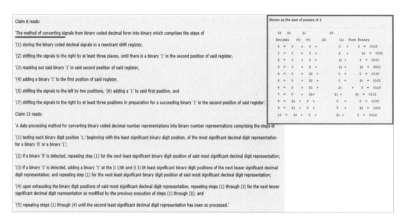

그림 2-2 Benson 판결의 대상이 된 청구항 제8항의 방법 발명

1980년대가 되면서 미국에서는 특허를 통해 기술 개발에 대한 인센티브를 주어야 한다는 특허-친 산업 정책이 강하게 대두되었고, 컴퓨터 관련 발명이 35 U.S.C. §101 규정에 따른 네 가지 카테고리에 해당하는지 여부에 대한 법원의 해답은 컴퓨터 소프트웨어가 아닌 바이오 관련 사건인 Diamond v. Chakrabarty 사건[14]에서 찾을 수 있다. 연방대법원은 이 사건에서 특허 적격성 대상이 되는 발명과 특허를 받을 수 없는 단순한 발견을 구별하는 가장 중요한 요소는 바로 인간에 의한 제어^{human control}라고 제시하면서 특허의 대상이 되는 발명은 '태양 아래 사람이 만든 모든 것'이지만, 무엇인가를 만들기 위해서는 그것의 존재를 제어할 수 있어야 한다고 판시했다.

---

14. 447 U.S. 303(1980).

1982년, 「Diamond v. Diehr」 사건[15](이하 'Diehr 사건'이라고도 함)
에서 연방대법원은 처음으로 소프트웨어도 특허의 대상이 될 수
있다고 판단했다.

이후 CAFC는 특허의 대상에 포함되는 소프트웨어 관련 기술
을 매우 제한적으로 허용하던 미국 특허청USPTO의 심사 관행을
파기시킴으로써 특허를 통한 소프트웨어 기술 보호에 적극적인
방향으로 바꾸는 계기가 되었다.

미국 특허청의 특허심사기준Manual of Patent Examining Procedures은
「Hotel Security Co. v. Lorraine Co.」 사건[16] 등에서 영업방법은
특허 대상이 아니라는 판결을 근거로 영업방법은 특허 대상이
아니라는 예외, 소위 영업방법의 예외business method exception가 오랫
동안 특허의 실무로서 자리 잡고 있었다. 그러나 CAFC는 「State
Street Bank & Trust Co., v. Signature Financial Group Inc.」
사건[17]('SSB' 사건이라고도 함)에서 영업방법도 다른 발명과 마찬가지

---

15. 450 US 175, 209 U.S.P.Q.1(1981). 출원된 발명은 고무를 용융시키는 프레스의 작동에
    컴퓨터의 도움을 받는 것이었는데, 컴퓨터는 프레스 내부의 온도를 지속적으로 모니터하면서
    프레스 안에 있는 고무를 가황(加黃)시키는 데 소요되는 시간을 아레니우스(Arrhenius) 방
    정식을 이용해 자동적으로 계산하고, 필요한 시간이 경과되면 프레스를 여는 명령을 하달하도
    록 되어 있었음(출처 : 조영선, 앞의 책, 13면에서 인용)

16. Hotel Sec. Checking Co. v Lorraine Co., 160 F. at 467(2nd Cir, 1908)

17. 149 F.3d 1368(Fed. Cir. 1998). 이 특허 발명은 뮤추얼 펀드의 투자 구조를 정하기 위한
    방법으로서 복수의 뮤추얼 펀드(spokes)들이 자신들의 자산을 파트너십으로 조직된 하나의
    포트폴리오(hub)에 공동 출자해 이 허브의 운용과 관련된 재무통계(financial statistics)를
    하루 단위로 계산, 처리하는 데이터 처리 시스템에 관한 것이었는데, 이 발명에 의하면 자금을
    관리함에 있어서 규모의 경제를 통해 관리 비용을 절감하고 파트너십에 따른 세법상의 우대를
    누릴 수 있는 장점이 있었음(출처 : 조영선, 앞의 책 23~24면에서 인용)

로 특허의 대상이 될 수 있다는 판결을 했다. 이러한 SSB 사건의 판결은 각국의 영업방법 발명에 대한 특허 실무 및 정책에 직접 또는 간접적으로 영향을 끼치게 되었다.

명확한 특허 적격성 판단 기준을 제시한 Bilski 판결

컴퓨터·소프트웨어 발명에 대한 특허 적격성 판단 기준을 가장 명확히 결정한 판례는 Bilski v. Kappos 사건[18]이다. 미국 연방 대법원은 2010년 Bilski 사건을 통해 제101조의 특허 적격성 논쟁을 약 30년 만에 다시 다뤘다. 선물옵션의 리스크 관리 방법을 청구하고 있는 Bilski 청구항은 SSB 사건에서 컴퓨터 관련 발명의 특허 적격성 판단 기준인 실용성practical utility을 적용했다면 충분히 특허 인정받았을 것이다. 하지만 대법원은 이전의 Benson, Flook, Diehr 판결과 비교했을 때 Bilski 청구항의 금융 리스크 관리 방법은 Benson 판결에서 제기되었던 선점적 효과의 문제가 존재했고, 청구항 내의 단계들은 Flook에서 지적되었던 관습적이거나 자명한 사후처리 활동post-solution activity에 불과하다고 보았다. 결국 미국 대법원은 '장치 또는 변환Machine or Transformation' 테스트를 적용한 결과 Bilski 방법 청구항은 추상적 아이디어에 불

---

18. Bilski v. Kappos, 130 S. Ct. 3218(2010). 미국 대법원은 (1) 'Machine-Transformation 테스트(machine-or-transformation test)'는 특허 적격성 판단의 유일한 기준이 아니며; (2) 출원인 Bilski의 '에너지 시장에서 에너지의 가격 변동에 따라 소비자가 부담해야 할 고액의 사용료 납부의 위험 부담을 완화해 에너지 사용료를 일정액으로 고정하고 이를 소비자에게 청구하는 방법에 관한' 방법 발명은 특허 대상이 될 수 없는 추상적 아이디어에 해당한다고 판결했다.

과하므로 특허 대상이 될 수 없다고 판단했다. 이로써 미국 대법원은 종전까지 특허법 제101조의 판단 기준으로 임무를 수행하던 SSB 사건에서 사용되었던 '유용하고, 구체적이며, 실질적인 결과useful, concrete, and tangible result' 테스트를 폐기하고, '장치 또는 변환' 테스트를 적용[19]해 방법 발명의 특허 대상적격을 판단하게 되었다. 다만 미국 대법원은 '장치 또는 변환' 테스트가 특허 적격성을 판단하는 유일한 방법은 아님을 분명히 했다.

그러나 1장의 4절에서 살펴본 바와 같이 미국 내 특허괴물의 등장으로 소프트웨어 특허의 부정적인 여론이 비등함에 따라 미국 연방대법원은 2014년 Alice Corporation Pty. Ltd. v. CLS Bank International 사건[20]('Alice' 사건이라고도 함)에서 경제법칙을 이용한 컴퓨터 프로그램 관련 발명의 경우 수학적 알고리즘 혹은 연산 자체에 관한 컴퓨터 프로그램 관련 발명과 마찬가지로 추상적 아이디어에 불과하므로, 방법 청구항뿐만 아니라 컴퓨터 시스템에 관한 청구항이나 기록매체 청구항인 경우에도 "단지 범용 컴퓨터의 구현을 요한다는 것만으로는 추상적 아이디어를 특허 적격성 있는 발명으로 바꾸지 못한다."라고 판시했다.

---

19. 방법 청구항의 경우 미국 대법원이 'Machine-Transformation 테스트(machine-or-transformation test)'가 유일한 기준은 아니지만 유효한 기준임을 확인했으므로 이러한 기준에 따라 기계에 연결되거나 혹은 물건의 상태를 변환시키는 단계를 방법 청구항에 포함시키는 것이 현재로서는 특허 대상임을 인정받을 수 있는 방법 중 하나임을 주의해야 한다.
20. 134 S.Ct. 2347(2014).

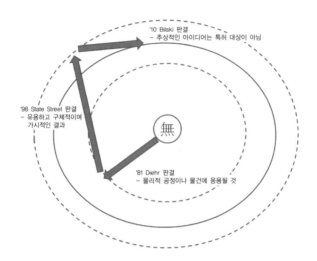

그림 2-3 미국 연방대법원 판결에 따른 SW 특허 보호 범위의 변동(출처: 소프트웨어 정책연구소, 'SW 특허심사기준 개정 논란을 통해 본 SW특허의 여러 쟁점들, http://spri.kr/posts/view/9147?page=2&code= issue_issue)

통상 컴퓨터 프로그램 혹은 소프트웨어란 컴퓨터로 하여금 어떠한 기능을 할 수 있도록 지시하는 명령어들의 집합 또는 일련의 프로그램을 말하는 것으로, 결국 일반 컴퓨터는 물론이고 컴퓨터의 범주에 포함되는 장치 자체의 하드웨어적 특징이 아닌 해당 장치가 어떠한 기능을 할 수 있도록 지시하는 컴퓨터 프로그램이 종래의 경제 관행이나 수학적 연산에 불과하고, 이것이 컴퓨터로 수행된다는 특징 이외의 별다른 특징이 없는 발명의 경우에는 특허 적격성이 인정될 수 없다는 것이 연방대법원의 Alice 사건 판결 내용인 것이다.

연방대법원의 Alice 사건 판결 이후 소프트웨어 산업계에서는 소프트웨어 특허 종말론이 등장했다. Alice 사건 판결이 소프트웨어 발명 전부를 특허 적격성에서 부정한 것은 아니지만, 대부분의 금융 분야의 소프트웨어 발명이 경제법칙 혹은 경제관행이라는 이유로 특허 적격성이 부정될 것이라는 우려와 함께 종래 특허 적격성에 대해 전혀 의심받지 않던 컴퓨터 관련 발명들까지도 특허 적격성이 부정될 가능성이 있다는 우려가 제기되었다. 이러한 우려는 Alice 사건 이후 연방지방법원과 연방항소법원이 대부분의 소프트웨어 발명과 컴퓨터 관련 발명에 대해 특허 적격성을 부정하는 후속 판결[21]들을 내리자 일부 현실화되고 있는 실정이다.

미국 특허청 역시 연방대법원의 Alice 사건 판결에 따라 심사 기준[MPEP22]을 개정했으나, 컴퓨터 프로그램이나 영업방법 발명의 경우 방법특허에 대해서만 특허 적격성 판단을 요구하던 심사관행이 시스템 청구항이나 컴퓨터 프로그램을 저장하고 있는 기록 매체 청구항에 대해서도 특허 적격성을 판단해야 한다는 부담을 안게 되었다.

---

21. Accenture Global Servs., GmbH v. Guidewire Software, Inc., 728 F.3d 1336, 1344-45 (Fed. Cir. 2013; Ultramercial, LLC v. Hulu, LLC, 112 USPQ2d 1750 (Fed. Cir. 2014) ; buySAFE, Inc. v. Google, Inc., 765 F.3d 1350 (Fed. Cir. 2014);

22. MPEP documents updated in the Ninth Edition, Rev. 07, 2015, Nov., 2015.

3.2 법률 및 판례에 의한 특허 적격성 판단

3.2.1 특허법에 의한 판단

[1] 법정 주제(Statutory Subject Matter)

미국 특허법은 35U.S.C. §101에서 "누구든지, 신규하고 유용한 방법Process, 기계Machine, 제조물Manufacture 또는 조성물Composition을 발명 혹은 발견했거나, 이에 대한 신규하고 유용한 개량을 발명 혹은 발견한 자는 특허법에 규정된 제한 및 조건의 범위 내에서 그러한 대상에 대해 특허를 얻을 수 있다."[23]고 규정해 특허 적격성을 만족하는 네 가지 법정 주제Statutory Subject Matter로서 '방법, 기계, 제조물 또는 합성물'을 제한적으로 열거하고 있다. 이러한 네 가지의 법정 주제에 해당하는지 여부가 특허 적격성 있는 발명인지를 판단하는 첫 번째 테스트며, 연방대법원은 네 가지의 법정 주제는 발명을 장려하고자 하는 특허시스템의 법적 목적에 따라 넓고 포괄적으로 해석해야 한다는 입장이다.[24]

미국 특허법 101조에서 특허의 대상으로 규정한 4개의 카테고리를 법정 주제라고도 하는데, 미국 특허법 101조에서 규정한

---

23. 35 U.S.C. 101 Inventions patentable "Whoever invents or discovers any new and useful process, machine, manufacture, or composition of matter, or any new and useful improvement thereof, may obtain a patent therefor, subject to the conditions and requirements of this title."

24. 연방대법원은 "Congress had intended patentable subject matter to 'include anything under the sun that is made by man'"이라고 판시했으며, 이는 법정 카테고리는 사람이 만든 것이라면 무엇이든지 법정 카테고리에 포함되도록 넓게 해석되어야 한다는 의미다. Diamond v. Chakrabarty, 447 U.S. 303(1980).

특허의 대상, 즉 법정 주제는 우리나라 특허법 제2조에서 규정한 특허 대상인 발명[25]과는 그 내용이 상이하다.

[2] 사법적 예외사항으로서의 추상적 아이디어

연방대법원은 35U.S.C. §101 규정에 따른 4가지 법정 주제에 해당하더라도 사법적으로 정해진 특허 예외사항에 해당하는 경우에는 특허 적격성을 인정할 수 없다고 일관되게 판시하고 있으며, 자연법칙laws of nature, 자연현상natural phenomena, 및 추상적 아이디어abstract ideas의 3가지가 사법적 예외사항에 해당한다고 판시하고 있다. 연방대법원은 '과학기술의 성과를 발생시키기 위한 기본적인 도구'에 대해 독점·배타적 특허권을 부여한다면 기술혁신을 촉진하기보다는 오히려 방해할 것이기 때문에 자연법칙, 자연현상 및 추상적 아이디어는 특허를 받을 수 없다는 입장이다. 한편으로 모든 발명은 어느 정도 자연법칙, 자연현상 또는 추상적 아이디어를 반영하거나 응용하기 때문에 사법적 예외사항을 너무 적극적으로 광범위하게 적용하는 것도 위험성을 안고 있으므로, '예기치 못한 발명'이 특허 보호에서 제외되지 않도록 특허 적격성 판단을 너무 한정적으로 해석해서도 안 된다고 판시했다.[26]

---

25. 우리나라 특허법 제2조의 1호에 따르면, 「'발명'이라 함은 자연법칙을 이용한 기술적 사상의 창작으로서 고도한 것을 말한다.」라고 규정하고 있으며, 이에 따라 우리나라에서 특허의 대상, 즉 발명으로 성립하기 위해서는 '자연법칙을 이용한 기술적 사상의 창작'일 것이 필요하다.

26. 이해영·정차호, "컴퓨터 소프트웨어 발명의 특허 적격성에 관한 미국판례에 따른 판단 기준", 成均館法學 2014: v.26 no.3, 451-486(Mayo v. Prometheus, 132 S. Ct. 1289 (2012) 인용)

2014년 Alice 사건에서는 컴퓨터 시스템에 관한 시스템 청구항이나 기록매체 청구항에 대해서도 특허 대상이 되지 않을 수 있다는 판결을 함으로써 '소프트웨어 특허의 위기론'과 함께 소프트웨어 특허 적격성 판단 기준의 모호성 논란을 야기한 바 있다.

Bilski 사건과 Alice 사건에서 알 수 있는 것은 미국의 소프트웨어 발명에 대한 특허 적격성에 대한 구체적이고 명확한 기준이 아직도 확립되지 않았고, 오히려 시대적 사회적 환경에 따라 그 판단 기준이 바뀐다는 것을 알 수 있다.

2015년 개정된 미국 특허청의 심사기준[27]에 따르면 종전의 방법 청구항에만 적용하던 특허 적격성 판단 기준을 장치 및 기록매체 청구항까지 확장해 적용하도록 변경하면서도 청구된 발명이 이들 추상적 아이디어보다 훨씬 더 많은significantly more 추가 구성요소를 포함하는 있는 경우에는 특허 받을 수 있다고 했다. 소프트웨어 발명이 특허 보호대상에서 획일적으로 제외된 것은 아니지만, 결국 상당수의 소프트웨어 발명들은 과거보다 더 엄격한 특허 적격성 심사를 통과해야만 특허 받을 수 있게 되었다.

3.2.2 Alice 사건 판결(2014, 연방대법원)

최근 미국의 소프트웨어 특허에 대한 특허 적격성의 판단 기준에 변화를 가져다 준 연방대법원 Alice 사건 판례를 더 구체적으

---

27. MPEP §2106 in Ninth Edition, Rev. 07., 2015 참조

로 살펴본다.

Alice 사건에서 미국 연방대법원은 기본적 경제 관행fundamental economic practices, 주지의 통상적 상거래 관행well-known conventional commercial practices, 수학적 연관관계 및 공식mathematical relationships/formulas나 아이디어 자체는 추상적 아이디어에 불과하며, 설사 컴퓨터를 이용한 컴퓨터 프로그램 관련 발명일지라도 특허의 대상이 될 수 없다고 판결했다.

특히 지금까지 특허 적격성 여부가 문제가 되었던 컴퓨터 프로그램 관련 발명의 경우 방법 청구항에 한정된 문제였으나, 이 사건에서는 방법 청구항의 적격성이 부정되는 경우 해당 방법 청구항의 한정에 간단한 컴퓨터 장치에 대한 구성요소만을 한정한 장치 또는 시스템 청구항과 방법 청구항의 구성요소를 저장하는 기록매체 청구항 역시 적격성이 부정된다고 판시했다.

문제가 된 Alice 사의 소프트웨어 발명은 사기나 미지급 위험을 방지하기 위해 두 거래 당사자가 안전하게 현금이나 금융증서를 교환할 수 있도록 하는 에스크로escrow 시스템에 관한 것으로서 중재하는 제3자로서 컴퓨터 시스템을 활용해 두 거래 당사자의 금융거래 위험성을 줄이는 방향으로 합의에 도달하게끔 하는 것이며, 특허 대상 여부가 문제가 된 대표 청구항은 방법 청구항(제33항)은 물론이고 시스템 청구항 및 컴퓨터가 판독 가능한 기록매체 청구항이다. 먼저 방법 청구항은 교환기관exchange institution과의 입금내역과 출금내역을 보유하고 있는 당사자들 간의 채무

교환을 위한 다수의 단계로 구성되어 있다. 시스템 청구항은 일반적으로 채무의 교환을 가능케 하는 정보 처리 시스템으로서 정보 저장 도구와 기재된 단계를 수행하기 위한 컴퓨터를 포함한다. 마지막으로 컴퓨터가 판독 가능한 매체 청구항(기록매체 청구항)은 방법 발명의 각 단계를 실현하기 위한 프로그램 코드에 관한 것이다.

이러한 연방대법원의 판결 경향을 살펴보면 경제법칙이나 통상적 상거래 관행에 관한 발명의 경우 불특허 대상인 추상적 아이디어에 불과하며, 청구된 발명이 이들 추상적 아이디어보다 훨씬 더 많은significantly more 추가 구성요소를 포함하는지 여부를 판단하는 2단계의 테스트를 통과한 경우에만 특허가 부여되도록 그 심사기준을 엄격히 했다.

소프트웨어 발명이 제101조의 특허 대상에서 획일적으로 배제되지는 않았다는 점은 그나마 소프트웨어 산업계의 입장에서는 다행이다. 또한 소프트웨어 특허를 무기로 경제적 이득을 위하던 특허괴물들의 확장세가 억압되고 있다는 긍정적인 효과도 발표되고 있다.

Alice 사의 소송 대상이 된 특허 4건 중 하나인 미국등록특허 US5,970,479호의 방법 청구항 제33항은 다음과 같다.

표 2-2 미국 등록특허 US5,970,479호의 방법 청구항 제33항

33. A method of exchanging obligations as between parties, each party holding a credit record and a debit record with an exchange institution, the credit records and debit records for exchange of predetermined obligations, the method comprising the steps of:

(a) creating a shadow credit record and a shadow debit record for each stakeholder party to be held independently by a supervisory institution from the exchange institutions;

(b) obtaining from each exchange institution a start-of-day balance for each shadow credit record and shadow debit record;

(c) for every transaction resulting in an exchange obligation, the supervisory institution adjusting each respective party's shadow credit record or shadow debit record, allowing only these transactions that do not result in the value of the shadow debit record being less than the value of the shadow credit record at any time, each said adjustment taking place in chronological order; and

(d) at the end-of-day, the supervisory institution instructing ones of the exchange institutions to exchange credits or debits to the credit record and debit record of the respective parties in accordance with the adjustments of the said

특허 적격성이 문제가 된 Alice 사의 또 다른 미국 등록특허 US7,725,375호의 시스템 청구항 제26항과 방법 청구항 제33항은 다음과 같다.

표 2-3 미국 등록특허 US 7,725,375호의 시스템 청구항 제26항

26. A data processing system to enable the exchange of an obligation between parties, the system comprising:

a communications controller,

a first party device, coupled to said communications controller,

a data storage unit having stored therein

(a) information about a first account for a first party, independent from a second account maintained by a first exchange institution, and

(b) information about a third account for a second party, independent from a fourth account maintained by a second exchange institution; and a computer, coupled to said data storage unit and said communications controller, that is configured to

(a) receive a transaction from said first party device via said communications controller;

(b) electronically adjust said first account and said third account in order to effect an exchange obligation arising from said transaction between said first party and said second party after ensuring that said first party and/or said second party have adequate value in said first account and/or said third account, respectively; and

(c) generate an instruction to said first exchange institution and/or said second exchange institution to adjust said second account and/or said fourth account in accordance with the adjustment of said first account and/or said third account, wherein said instruction being an irrevocable, time invariant obligation placed on said first exchange institution and/or said second exchange institution.

표 2-4 미국 등록특허 US 7,725,375호의 방법 청구항 33항

33. A method of exchanging obligations as between parties, each party holding a credit record and a debit record with an exchange institution, the credit records and debit records for exchange of predetermined obligations, the method comprising the steps of:

(a) creating a shadow credit record and a shadow debit record for each stakeholder party to be held independently by a supervisory institution from the exchange institutions;

(b) obtaining from each exchange institution a start-of-day balance for each shadow credit record and shadow debit record;

(c) for every transaction resulting in an exchange obligation, the supervisory institution adjusting each respective party's shadow credit record or shadow debit record, allowing only these transactions that do not result in the value of the shadow debit record being less than the value of the shadow credit record at any time, each said adjustment taking place in chronological order, and

(d) at the end-of-day, the supervisory institution instructing on[e] of the exchange institutions to exchange credits or debits to the credit record and debit record of the respective parties in accordance with the adjustments of the said permitted transactions, the credits and debits being irrevocable, time invariant obligations placed on the exchange institutions.

3.3 특허심사기준(MPEP)에 의한 특허 적격성 판단

미국 특허청은 소프트웨어 발명 심사기준과 관련해서 별도의 독립적인 심사기준을 운영하지 않고 일반 심사기준 내에서 규정하는 형태를 취하고 있으며, 구체적으로 특허심사기준^{MPEP, Manual of Patent Examination Process} 내에서 발명의 법정 주제(§101)에 대한 심사처리 방안을 제시하면서 컴퓨터 프로그램, 소프트웨어, 영업방법에 대한 심사기준을 언급하고 있다.

1996년 제정된 컴퓨터 관련 발명에 대한 특허심사기준^{MPEP}에서는 심사관들에게 컴퓨터 관련 발명에 대한 특허 적격성 판단에 있어서 다음과 같은 2단계 기준을 제공했다. i) 첫째, 출원인이 발명하고 특허를 받고자하는 것이 무엇인지를 판단하고, ii) 둘째, 청구된 발명이 특허법 제101조를 만족하는지 판단한다.

청구된 발명이 제101조를 만족하는지 여부를 판단함에 있어서 특허심사기준은 먼저 제101조의 범위, 즉 제101조에 규정된 4가지 카테고리를 고려해 특허 대상 여부에 대해 법원이 판단한 예들을 참고하되, 최종적으로 컴퓨터 관련 발명에 대한 면책 조항Safe Harbor 및 응용에 한정된 컴퓨터 관련 방법인지를 판단하도록 하고 있다.[28]

컴퓨터 관련 발명의 경우도 다른 일반적 발명과 마찬가지로 특허 받을 수 없는 발명은 자성磁性과 같은 자연 현상이나 '기술적記述的 자료'를 구성하는 추상적 아이디어, 자연법칙과 같은 범주로 나눌 수 있다. 기술적 자료는 기능적/비기능적 기술적descriptive 자료로 다시 구분되는데, 기능적functional 기술적 자료로는 데이터 구조나 컴퓨터 프로그램이 대표적이며, 비기능적 기술적 자료로는 음악, 문학작품 및 데이터 편집물 등이 대표적이다. 비기능적 기술적 자료의 경우에는 컴퓨터로 판독 가능한 매체에 포함된 경우[29]에도 특허의 대상이 될 수 없는 반면, 기능적 기술적 자료의 경우는 컴퓨터로 판독 가능한 매체에 저장된 형태로 구현되지 않은 경우에 한해 해당 청구항은 그 자체로 기술적 자료에 해당해 컴퓨터에 기능적 변화를 초래하지 않기 때문에 특

---

28. MPEP § 2106 "IV. Determine Whether the Claimed Invention Complies with 35 U.S.C.A. 101"(8th ed. Aug. 2001)

29. 예컨대 CD-ROM에 저장된 음악이나 서적

허 대상이 되지 않는 것으로 본다.[30] 반면 데이터 구조나 컴퓨터 프로그램과 같은 기능적 기술적 자료가 암호화된 컴퓨터로 판독 가능한 기록매체 청구항은 데이터 구조와 컴퓨터 소프트웨어 및 하드웨어 간의 구조적, 기능적 상화 연관관계를 정의하고 있으므로 특허의 대상이 된다.[31]

특허심사기준[MPEP]은 방법 발명에 대한 청구항이 프로그램된 컴퓨터에 의해 수행되는 단계 이전에 수행되는 물리적 동작이나 컴퓨터와 독립되어 그 외부에서 수행되는 물리적 동작을 요구하는 경우에는 특허의 대상이 된다고 했다. 컴퓨터 외부에서 일어나는 물리적 변화를 수반하는 하나 이상의 컴퓨터 후 작업에 관한 단계[post-computer process step]를 포함하는 컴퓨터 후 작업 활동[Post-Computer Process Activity]*과 물리적 객체나 활동을 나타내는 데이터의 조작을 요구하는 컴퓨터 전 작업 활동[Pre-computer Process Activity]*에 대한 청구항은 특허 대상이 되는 방법 발명이다. 위의 2가지 유형의 면책 조항[safe harbor]에 속하지 않는 경우라 하더라도 청구항이 응용[practical application]*에 한정되는 경우에는 역시 특허의 대상이 된다. 이 경우 중요한 것은 컴퓨터가 해당 작업을 어떻게 수행하느냐가 아니라 컴퓨터가 응용을 수행하기 위해서 무엇을 하느냐

---

30. 예컨대 컴퓨터 프로그램 자체는 단지 컴퓨터에 의해 실행 가능한 지시들의 집합에 불과하므로 컴퓨터로 판독 가능한 매체에 기록되지 않은 프로그램 자체는 특허 받을 수 없는 기술적 자료에 해당함

31. 이수미·박영수, "컴퓨터 프로그램 관련 발명의 성립성 판단 기준의 변화에 대한 연구", 인하대학교 법학연구, 제17권 제2호 2014, 383-416 참조

가 중요하다. 예컨대 소음 해석을 위해 수학적 알고리즘을 단순히 계산하는 컴퓨터 작업은 특허의 대상이 되지 않는 반면, 수학적 알고리즘을 적용해 소음을 디지털 방식으로 제거하는 방법은 특허 적격성이 인정된다.

---

* 컴퓨터 후 작업 활동에 대해서 심사지침서는 특허 대상이 되는 방법 발명의 예를 다음과 같이 들고 있다.

- A method of curing rubber in a mold which relies upon updating process parameters, using a computer processor to determine a time period for curing the rubber, using the computer processor to determine when the time period has been reached in the curing process and then opening the mold at that stage.
- A method of controlling a mechanical robot which relies upon storing data in a computer that represents various types of mechanical movements of the robot, using a computer processor to calculate positioning of the robot in relation to given tasks to be performed by the robot, and controlling the robot's movement and position based on the calculated position. MPEP § 2106.

---

* 컴퓨터 전 작업 활동에 대해서 심사지침서는 특허 대상이 되는 방법 발명의 예를 다음과 같이 들고 있다.

- A method of using a computer processor to analyze electrical signals and data representative of human cardiac activity by converting the signals to time segments, applying the time segments in reverse order to a high pass filter means, using the computer processor to determine the amplitude of t he high pass filter's output, and using the computer processor to compare the value to a predetermined value. In this example the data is an intangible representation of physical activity, i.e., human cardiac activity. The transformation occurs when heart activity is measured and an electrical signal is produced. This process has real world value in predicting vulnerability to ventricular tachycardia immediately after a heart attack.

- a method of conducting seismic exploration which requires generating and manipulating signals from seismic energy waves before "summing" the values represented by the signals ;
- a method of displaying X-ray attenuation data as a signed gray scale signal in a "field" using a particular algorithm, where the antecedent steps require generating the data using a particular machine (e.g., a computer tomography scanner). Abele, 684 F.2d at 908, 214 U.S.P.Q. at 687 ("The specification indicates that such attenuation data is available only when an X-ray beam is produced by a CAT scanner, passed through an object, and detected upon its exit. Only after these steps have been completed is the algorithm performed, and the resultant modified data displayed in the required format."). MPEP § 2106.

---

* 청구항에 응용이 한정되는 경우에 대해서 심사지침서는 응용이 이루어지지 않아서 특허 대상이 되지 않는 방법 발명의 예를 다음과 같이 들고 있다.

- step of "updating alarm limits" found to constitute changing the number value of a variable to represent the result of the calculation (Parker v. Flook, 437 U.S. 584 (1978));
- final step of "equating" the process outputs to the values of the last set of process inputs found to constitute storing the result of calculations (In re Gelnovatch, 595 F.2d 32, 41 n.7 (C.C.P.A. 1979);
- step of "transmitting electrical signals representing" the result of calculations (In re De Castelet, 562 F.2d 1236 (C.C.P.A. 1977) ("That the computer is instructed to transmit electrical signals, representing the results of its calculations, does not constitute the type of 'post solution activity' found in Flook, [437 U.S. 584, 198 U.S.P.Q. 193 (1978)], and does not transform the claim into one for a process merely using an algorithm. The final transmitting step constitutes

미국 연방대법원의 Mayo 판결* 및 Alice 판결 이후, 다수의
연방지방법원들과 연방항소법원CAFC은 지난 1년 동안 컴퓨터 관
련 발명에 관한 연방대법원의 판결을 적용하는 다수의 판결을
했고, 미국특허청은 컴퓨터 관련 발명에 관한 특허 적격성을 판
단하는 새로운 지침으로 보고 많은 논쟁 끝에 2015년 11월 심사
기준 개정으로 이를 반영했다.

* [Mayo 판결] 2012년 Mayo v. Prometheus 사건에서 대법원은 환자의 혈액
대사물질의 수치를 통해 치료약의 효능 및 독성을 알아내는 방법은 자연법칙
자체의 이용으로서 제101조의 특허 대상이 될 수 없다는 판결을 내렸다. 본
판결은 특허 대상이 아닌 자연법칙을 특허 대상인 자연법칙의 응용으로 변환
시키기에 충분한 '발명적 개념(inventive concept)'이 청구된 발명에 포함되
어 있는지를 기준으로, 추가 요소 또는 요소들의 결합으로 자연법칙 이상의
훨씬 더 많은('significantly more than') 것인지 여부를 기준으로 자연법칙
그 자체인지를 판단했다. 청구항에 자연법칙 자체를 제외한 추가적 구성요소
가 이미 이 분야의 연구자들이 이전부터 사용해 왔던 잘 알려지고, 기계적이
고 관습적인 활동들을 수반하고 있는 경우는 충분한 발명적 개념을 갖추지
못한다고 보았다. 또한 자연법칙을 제외한 나머지 구성요소들이 자명한 사후
처리 활동이고 자연법칙을 이용하기 위해 무조건 거쳐야만 하는 과정인 경우
또는 자연법칙을 적용하라는 지시에 불가한 경우에는 특허 적격성이 없다고
판시했다.

3.3.1 컴퓨터 관련 법정 주제

- 제101조하의 법정 주제subject matter는 태양 아래 인간에 의해 만들어지는 새롭고 유용한 방법. 기계, 제조품, 조성물을 포함한다.

- 기능적 기술적 구성을 컴퓨터 판독 가능 매개물에 인코딩하는 경우에 기능성을 주는 데이터 구조 및 컴퓨터 프로그램으로 정의하며, 비기능적인 기술적적 구성을 음악, 문학작품, 데이터의 편집 또는 배열로서 정의한다. 그러나 기능적인 기술적 구성이 기계, 방법 또는 제조품으로 청구되는 경우에는 법정 주제가 될 수 있다. 이것의 요건을 만족시키기 위해서는 컴퓨터 프로그램이 법정 기계의 일부분, 소프트웨어의 지시를 수행하는 컴퓨터화된 방법의 일부분, 컴퓨터 판독 가능 매개물에 기록된 것으로서 각각 청구되어야 한다. 법정 방법 청구항의 논의는 청구항이 기술적 분야 내의 실용적인 응용에 한정된다면 추상적 아이디어 또는 수학적 알고리즘을 취급하는 방법 클레임은 법정 주제다.

소프트웨어와 영업방법은 101조의 법정 주제의 범위에서 제외해서는 안 된다.[32] 예를 들면 소프트웨어는 자동적으로 추상적 아이디어abstract idea인 것은 아니다. 어떤 소프트웨어는 추상적인 아이디어를 포함할 수 있지만, 청구항의 분석은 전체로서 특허

---

32. Bilski v. Kappos, 561 U.S.593, 130 S. Ct. 3218, 95 USPQ2d 1001(2010).

요건을 파악해야 한다.

3.3.2 컴퓨터 관련 비법정 주제

기술적 구성descriptive material은 '기능적 기술적 구성functional descriptive material' 또는 '비기능적 기술적 구성nonfunctional descriptive material'으로 분류된다. 기능적 기술적 구성은 컴퓨터의 구성요소로서 사용되며, 기능성을 부여하는 데이터 구조 및 컴퓨터 프로그램으로 구성된다. 비기능적 기술적 구성은 음악, 문학작품, 및 데이터의 편집이나 그것의 간단한 배열 등을 포함한다. 기술적 구성은 기술적 구성 그 자체로 청구되는 경우에는 비법정 주제다. 기능적 기술적 구성이 컴퓨터로 읽을 수 있는 매체상에 기록되고, 매체와 구조적 기능적 상호관계를 가지면 법정 주제다. 반면, 단순히 비기능적 기술적 구성을 컴퓨터로 읽을 수 있는 매체상에 기록만 한 청구항은 비법정 주제다.

[1] 기능적 기술적 구성

데이터 구조가 청구되는 경우는 데이터 구조의 기능성을 실현시키기 위한 데이터 구조와 다른 매체와의 구조적 기능적 상호관계가 정의되지 않으므로, 비법정 주제다. 즉, 컴퓨터로 읽을 수 있는 매체상에 구현된 청구항이 아닌 데이터 구조 자체에 대한 청구항은 컴퓨터에서의 구조적 기능적 변화를 발생시키지 않으므로 비법정 주제다. 반면, 데이터 구조가 컴퓨터로 읽을 수 있는 매체에 기록되어 청구되는 경우에는 데이터 구조의 기능성을 실현시키는 데이터 구조, 컴퓨터 소프트웨어 및 하드웨어와의 사이에 구조적 기능적 상호관계가 정의되어 있으므로, 법정 주제다.

컴퓨터 프로그램이 그 컴퓨터 프로그램의 명령을 컴퓨터가 실행하고 있는 프로세스에 대해서 청구된 경우에는 그 청구항은 방법 청구항으로 다루어져야 한다. 컴퓨터 프로그램이 컴퓨터 메모리와 같은 물리적 구성과 관련해 청구된 경우에는 그 청구항은 물건 청구항으로 다루어져야 한다.

[2] 비기능적 기술적 구성

음악, 문학작품, 미술, 사진 또는 사실이나 데이터의 배열, 편집물 등의 비기능적 기술적 구성이 단순히 매체에 기록되어 있는 경우, 매체는 단순히 하나의 물건일 뿐 기록된 데이터와 컴퓨터서의 프로세스와의 사이에는 기능적 상호관계가 발생하지 않으므로 비기능적 기술적 구성만으로는 실용적 응용이 아니므로, 법정 주제가 아니다.

컴퓨터가 일련의 음악을 메모리에서 읽어 연주하는 악보를 결정하는 경우, 데이터의 계산 프로세스와의 사이에 기능적 상호작용이 요구되기 때문에 법정의 프로세스를 실현하는 법정 주제가 된다.

3.3.3 수학적 알고리즘

수학적 알고리즘Mathematical Algorithms을 취급하는 방법 클레임은 법정 주제지만, 실용적 응용이 아닌 단순한 수학적 실행에 대한 청구항이나 단순한 추상적 아이디어의 조작에 관한 청구항은 비법정 주제다.

3.3.4 특허 적격성(MPEP 2106)[33]

미국 특허청은 2014년 Alice 사건의 판결이 내려진 뒤 약 6개월 뒤인 2014년 12월 10일에 Mayo 사건 판결과 Alice 사건 판결을 모두 반영한 특허 적격성에 대한 특허심사기준MPEP 개정 예고[34] 를 발표했다. 그러나 특허 적격성 판단 기준이 모호하다는 비판에 따라 2015년 11월에 특허심사기준 개정판[35]을 추가 발표했으며, 개정 특허심사기준이 연방대법원의 위 두 판결과 함께 Association for Molecular Pathology v. Myriad Genetics, Inc. 사건[36]의 판결도 반영하고 있음을 분명히 했다. 특히 개정 특허심사기준에서는 연방대법원이 Mayo Collaborative Services v. Prometheus Laboratories, Inc. 판결에서 제시한 특허 적격성 판단 기준을 설명하기 위해 다음과 같은 순서도를 제시하고 있다.[37]

---

33. 이창훈, 한국지식재산연구원, 특허 적격성 판단에 관한 Alice 판결 이후 미국 법원의 동향, 특허청 IP소액연구사업, 2015.3.

34. 2014. 12. Interim Guidance on Patent Subject Matter Eligibility.

35. MPEP documents updated in the Ninth Edition, Rev. 07, 2015, Nov., 2015.

36. 133 S. Ct. 2107(2013).

37. 이를 'Mayo/Alice 테스트'라 함

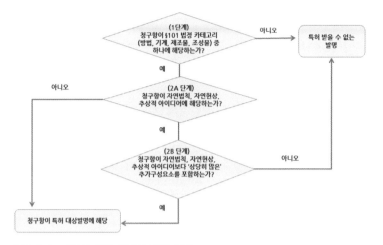

그림 2-4 미국의 특허 적격성 판단 절차

앞 순서도에서 알 수 있듯이 특허 적격성 판단은 (1단계) 청구항이 법 제101조에서 규정하는 4가지의 법정 카테고리 중 하나에 해당하는지 여부를 확인하고, 해당하는 경우에는 다음 판단으로 (2A 단계) 청구항이 연방대법원이 불특허사유로 규정한 자연법칙, 자연현상 및 추상적 아이디어 중 하나에 해당하는지 여부를 판단하고, 이에 해당하는 경우 다음 판단으로 (2B 단계) 청구항이 자연법칙, 자연현상, 추상적 아이디어보다 '상당히 더 많은significantly more' 추가 구성요소를 포함하는지 여부[38]를 판단해, 위 세 단계의 판단이 모두 '예'인 경우이거나 (2A 단계)에서 자연법칙, 자연현상, 추상적 아이디어에 해당하지 않는 경우에는 특허 적격성이 인정된다.

---

38. "Step 2 [Part 2 Mayo test] Does the claim recite additional elements that amount to significantly more than the judicial exception?"

간단히 말해 청구항 발명이 자연법칙, 자연현상, 추상적 아이디어에 해당하지 않거나 이들 중 하나에 해당하더라도 청구항에 이들보다 '상당히 더 많은significantly more' 추가 구성요소를 포함하는 경우에는 특허 적격성을 인정한다는 것이다.

개정 특허심사기준은 위 판단 기준이 방법 청구항뿐 아니라 물건 청구항에도 마찬가지로 적용되어 특허 적격성 여부를 판단하도록 설명하고 있다. 컴퓨터 프로그램 관련 발명 혹은 영업방법 발명은 대부분 제101조에서 규정하고 있는 발명의 카테고리, 즉 방법 또는 물건 청구항에 해당하므로, 특허 적격성 판단에 있어서 특히 중요한 것은 미국 연방대법원이 확립한 3가지 특허 대상의 예외(자연법칙, 자연현상 및 추상적 아이디어)에 해당하는지 여부에 대한 판단이다.

개정 특허심사기준은 미국 연방대법원의 Mayo Collaborative Services v. Prometheus Laboratories, Inc. 판결에서 제시한 판단 방법을 적용해 앞에 도시한 특허 적격성 판단 순서도에서 '2A 단계' 테스트를 'Part 1 Mayo test'라고 부르고, '2B 단계' 테스트를 'Part 2 Mayo test'라 부르면서 이를 설명하고 있다.

[1] 2A단계의 추상적 아이디어란?

판례에 의해 제시한 구체적인 예시와 이와 유사한 것에 한해서 추상적 아이디어abstract idea로 간주하며, 이후 판례에 의해 추가될 수 있다. 다음의 4가지 카테고리는 서로 겹치는 부분이 존재해

청구항의 추상적 아이디어가 여러 카테고리에 동시에 해당하는
경우도 있으며, 청구항 발명에 2개 이상의 추상적 아이디어를 포
함하는 경우도 있다.

① 기본적인 경제 관행(Fundamental Economic Practices)

- 경제 및 거래와 관련된 개념(예: 계약 생성, 헤징, 결제위험 완화)

- fundamental이 오래되거나 잘 알려진 것만을 의미하지는
  않는다.

② 인간 행위를 체계화하는 특정 방법(Certain Methods of Organizing
Human Activity)

- 사람 간의 또는 사람의 행위와 관련된 개념(예: 사람 간의 관계
  나 거래, 사회적 행위 및 인간 행동을 관리하는 것, 법적 의무를 충족시키는
  것, 광고·마케팅·판매행위, 인간 정신활동을 관리하는 것)

- 인간 행위를 체계화하는 방법 모두가 추상적 아이디어는
  아니다.

- 기계를 조작하는 인간의 행위는 이에 해당하지 않는다.

- 구체적인 예: 계약 생성 및 해지, 결제위험 완화, 대출정보
  처리, 보험약관 관리, 게임 중에 추가적인 아이템 구매, 보
  험청구 처리를 위한 태스크 생성, 면세 투자, 중재, 광고시
  청을 통한 무료 콘텐츠 획득, 기업대표의 방문처를 횟수의
  최적화, 고정수입자산의 판매가격의 계산 및 재무 분석결
  과 생성, 신경 시스템 동작 확인을 위해 신경과 전문의가
  준수해야 하는 정신적 프로세스, 식단 짜기 등

③ 아이디어 그 자체(An Idea 'Of Itself')

- 상세한 설명에 구체적으로 예시되지 않은 개념이나 계획 및 머릿속이나 펜과 종이로 인간이 수행할 수 있는 정신적 프로세스

- 구체적인 예: 샘플 데이터와 기준 데이터 비교, 알려진 정보 수집 및 비교, 위험 수준을 결정하기 위한 데이터 비교, 임상테스트 및 결과 검토에 의한 비정상 상태 진단, 무형의 데이터 수집 및 비교, 새 데이터와 기존 데이터의 비교 및 옵션 정의를 위한 규칙 적용, 정보의 체계화·저장·전송을 위한 카테고리 사용, 데이터 인식 및 저장, 수학적 관계를 통한 정보의 체계화, 저작권 있는 미디어 접속을 위한 무료 광고 시청

④ 수학적 관계/공식(Mathematical Relationships/Formulas)

- 수학적 알고리즘, 수학적 관계, 수식, 계산과 같은 수학적 개념

- 구체적인 예: 2진 코드화된 10진수를 순수 2진수로 변환하는 알고리즘, 알람 경계 값을 계산하는 공식, 특정 전자기파 현상을 기술하는 공식, 아레니우스 공식, 헤징용 수학공식, 계산 및 결과 처리로 생명보험 증권의 보장치를 관리하는 것, 공지의 계산방식에서 계산양을 줄이는 것, 기업대표의 최적 방문처 횟수를 결정하는 알고리즘, 비정상 상태 파라미터를 계산하는 알고리즘, 고정 수입자산의 판매값을

계산하고 재무분석 결과를 생성하는 것, 지역값과 평균값 차를 계산하는 것

심사 대상 발명이 기술적인 문제점을 해결하고자 하는 발명이라면 ① 내지 ③에 해당될 수 있다. 다만 상세한 설명에 구체적인 실시가 예시되지 않았다면 ③에 해당될 수 있다.

[2] 2B단계의 진행 절차

① 청구항에 사법적 아이디어 외의 추가 구성요소를 살핀다.

- 청구항의 분절된 구성요소로 판단하는 것이 아니라, 전제부를 포함해 전체적으로 살핀다. 예를 들어, 방법 발명의 특정 단계에서 하드웨어와 연관된 기재가 존재한다면 그 하드웨어는 추가 구성요소라 할 수 있다.
- 추가 구성요소가 없다면(방법 발명에서 하드웨어를 기재하지 않은 경우에서 주로 발생) 사법적 예외만을 청구한 것으로 성립하지 않는다.

② 추가 구성요소 자체에 inventive concept이 있는지 살핀다.

- 범용 컴퓨터의 범용적 기능은 inventive concept이 아니다.

③ 청구항 전체로서 추가 구성요소와의 유기적인 결합에 의해 청구항 발명이 사법적 예외를 뛰어넘는significantly more 발명인지 살핀다.

- 기술적 과제해결을 위해 청구항 발명에서 범용 컴퓨터 등의 추가 구성요소를 추상적 아이디어와 유기적 결합한 것

이라면 성립한다.

[3] Streamlined Analysis란?

종래의 2-step TEST 대신에 성립성을 확인하기 위한 간이 판별
법으로 결론은 항상 '성립'한다.

- 청구항 발명이 사법적 예외를 추구하지 않은 것이 명백한
  경우에 적용될 수 있으며, 청구항에 추상적 아이디어가 포
  함되어 있는지 애매할 때 사용할 수 있다.
- 2-step의 2A 및 2B 단계 대신에 청구항 발명이 사법적 예
  외를 추구한 것인지 아닌지로 판단한다.

3.4 미국 특허청의 특허 적격성 심사 실무 사례

3.4.1 발명의 적격성 인정한 사례

DDR Holdings, LLC v. Hotels.com, L.P.[39]

[청구항]

1. A method of an outsource provider serving web pages offering
commercial opportunities, the method comprising:

(a) automatically at a server of the outsource provider, in response to
activation, by a web browser of a computer user, of a link displayed
by one of a plurality of first web pages, recognizing as the source page
the one of the first web pages on which the link has been activated;

(i) wherein each of the first web pages belongs to one of a plurality
of web page owners;

(ii) wherein each of the first web pages displays at least one active link

---

39. 954 F.3d ___ (Fed. Cir. 2014).

associated with a commerce object associated with a buying
opportunity of a selected one of a plurality of merchants; and
(iii) wherein the selected merchant, the outsource provider, and the
owner of the first web page are each third parties with respect to one
other;
(b) automatically retrieving from a storage coupled to the server
pre-stored data associated with the source page; and then
(c) automatically with the server computer-generating and transmitting
to the web browser a second web page that includes:
(i) information associated with the commerce object associated with the
link that has been activated, and (ii) a plurality of visually perceptible
elements derived from the retrieved pre-stored data and visually
corresponding to the source page.

[판단]

연방항소법원은 이 사건에서 온라인 판매품을 제공하는 호스트
host 웹사이트의 'look and feel'(웹페이지 디자인 요소)을 제3의 판매
웹사이트의 웹페이지와 합성해 디스플레이하는 방법에 대해 2개
의 전자상거래 웹페이지를 동일하게 보이도록 만드는 것은 수학
적 알고리즘, 기본적 경제관행, 주지의 통상적 상거래관행 중 어
디에도 해당하지 않으므로 청구항 발명이 특허 대상의 예외인
추상적 아이디어에 해당하지 않으므로 특허 적격성을 인정했다.

연방항소법원은 특허 청구항 발명의 경우 단순히 인터넷 이전
시대에 알려진 비즈니스 관련 작업을 수행하는 것이 아니라는
것을 강조하면서 특허 발명이 '추상적인 아이디어'가 아니라고
판시했다. 특허에서는 웹페이지 방문자가 제 3자 광고를 클릭할
경우 제 3자 웹사이트로 이동되는 것이 아니라 제 3자 웹사이트

로부터의 상품정보와 이미지들과 호스트 웹사이트에서 제공하는 'look and feel' 시각 요소를 결합한 자동으로 생성된 하이브리드 이미지를 호스트 웹사이트를 통해 제공하는 웹페이지로 이동하게 기술을 개시하고 있는데, 이는 기본적 경제법칙이나 종래 상거래 실무에 해당하지 않으므로 '추상적 아이디어'에 해당하지 않는다고 판시했다.

3.4.2 발명의 적격성 부정한 사례

Ultramercial, LLC v. Hulu, LLC[40]

> [청구항]
> A method for distribution of products over the Internet via a facilitator, said method comprising the steps of:
> a first step of receiving, from a content provider, media products that are covered by intellectual property rights protection and are available for purchase, wherein each said media product being comprised of at least one of text data, music data, and video data;
> a second step of selecting a sponsor message to be associated with the media product, said sponsor message being selected from a plurality of sponsor messages, said second step including accessing an activity log to verify that the total number of times which the sponsor message has been previously presented is less than the number of transaction cycles contracted by the sponsor of the sponsor message;
> a third step of providing the media product for sale at an Internet website;
> a fourth step of restricting general public access to said media product;
> a fifth step of offering to a consumer access to the media product without charge to the consumer on the precondition that the consumer

---

40. Ultramercial, LLC v. Hulu, LLC, 112 USPQ2d 1750(Fed. Cir. 2014).

views the sponsor message;

a sixth step of receiving from the consumer a request to view the sponsor message, wherein the consumer submits said request in response to being offered access to the media product;

a seventh step of, in response to receiving the request from the consumer, facilitating the display of a sponsor message to the consumer;

an eighth step of, if the sponsor message is not an interactive message, allowing said consumer access to said media product after said step of facilitating the display of said sponsor message;

a ninth step of, if the sponsor message is an interactive message, presenting at least one query to the consumer and allowing said consumer access to said media product after receiving a response to said at least one query;

a tenth step of recording the transaction event to the activity log, said tenth step including updating the total number of times the sponsor message has been presented; and

an eleventh step of receiving payment from the sponsor of the sponsor message displayed.

[판단]

특허발명은 인터넷을 통해 저작물을 무료로 배포하는 대신 광고를 시청하게 하는 방법으로, 광고 시청의 대가를 현금처럼 이용해 음악, 문학작품, 동영상 등을 구매할 수 있도록 하는 방법에 관한 발명으로, 이 사건의 피고 중 하나인 Hulu의 경우도 광고를 시청하는 대가로 동영상을 시청할 수 있도록 하는 서비스를 제공하고 있다.

연방항소법원은 먼저 앞의 특허방법의 특허 적격성을 판단함에 있어서 발명자의 광고시청의 대가를 현금처럼 이용해 음악,

문학작품, 동영상 등을 구매할 수 있도록 하는 방법은 경제법칙
이나 상거래 관행에 해당하므로 추상적 아이디어에 해당하고,
위 청구항 발명은 광고 시청을 저작물 구매를 위한 현금처럼 사
용할 수 있도록 하는 단계들 이외에는 추상적 아이디어를 의미
있는 발명으로 변화시킬 수 있는 추가 구성요소를 포함하고 있
지 않으므로 특허 적격성이 인정되지 않는다고 판단했다.

Accenture Global Servs., GmbH v. Guidewire Software, Inc.[41]

[청구항]

A system for generating tasks to be performed in an insurance organization, the system comprising:

an insurance transaction database for storing information related to an insurance transaction, the insurance transaction database comprising a claim folder containing the information related to the insurance transaction decomposed into a plurality of levels from the group comprising a policy level, a claim level, a participant level and a line level, wherein the plurality of levels reflects a policy, the information related to the insurance transaction, claimants and an insured person in a structured format;

a task library database for storing rules for determining tasks to be completed upon an occurrence of an event;

a client component in communication with the insurance transaction database configured for providing information relating to the insurance transaction, said client component enabling access by an assigned claim handler to a plurality of tasks that achieve an insurance related

---

41. Accenture Global Servs., GmbH v. Guidewire Software, Inc., 728 F.3d 1336, 1344–45(Fed. Cir. 2013).

goal upon completion; and

a server component in communication with the client component, the transaction database and the task library database, the server component including an event processor, a task engine and a task assistant;

wherein the event processor is triggered by application events associated with a change in the information, and sends an event trigger to the task engine; wherein in response to the event trigger, the task engine identifies rules in the task library database associated with the event and applies the information to the identified rules to determine the tasks to be completed, and populates on a task assistant the determined tasks to be completed, wherein the task assistant transmits the determined tasks to the client component.

[판단]

특허발명은 보험회사에서 보험 관련 업무를 처리할 수 있도록 하는 업무 솔루션 소프트웨어에 관한 발명이다.

특허발명은 보험 관련사건 발생 시 관련 규정에 따라 보험증권 관련 과업insurance-policy-related tasks을 생성시킨다는 추상적 개념을 컴퓨터를 이용해 수행하도록 하는데, 연방항소법원은 이러한 방법에 대해 종래 상거래 관습에 불과해 추상적 아이디어에 불과하다고 판시했다.

또한 이건 청구항 발명은 위의 보험증권 관련 과업을 컴퓨터를 이용해 수행한다는 것 이외의 추가 구성요소를 포함하지 않고 있다고 판단했다.

buySAFE, Inc. v. Google, Inc.[42]

> **[청구항]**
>
> 1. A method, comprising:
> receiving, by at least one computer application program running on a computer of a safe transaction service provider, a request from a first party for obtaining a transaction performance guaranty service with respect to an online commercial transaction following closing of the online commercial transaction;
> processing, by at least one computer application program running on the safe transaction service provider computer, the request by underwriting the first party in order to provide the transaction performance guaranty service to the first party, wherein the computer of the safe transaction service provider offers, via a computer network, the transaction performance guaranty service that binds a transaction performance guaranty to the online commercial transaction involving the first party to guarantee the performance of the first party following closing of the online commercial transaction.

[판단]

연방항소법원은 특허발명이 거래실적보증^{transaction performance guaranty} 이라는 계약 관계의 성립에 관한 것으로, 이는 기본적 경제법칙 또는 종래 상업적 거래관행에 불과해 추상적 아이디어에 해당한 다고 판시하고, 위 청구항 발명은 거래실적보증 요청을 받고 거 래실적보증을 해 주는 방법을 컴퓨터를 이용해 수행한다는 것 이외의 발명 개념^{inventive concept}에 해당할 수 있는 추가 구성요소 를 포함하고 있지 않으므로 특허 적격성이 인정되지 않는다고 판시했다.

---

42. buySAFE, Inc. v. Google, Inc., 765 F.3d 1350(Fed. Cir. 2014).

AllVoice Developments v. Microsoft[43]

> **[청구항]**
>
> A universal speech-recognition interface that enables operative coupling of a speech-recognition engine to at least any one of a plurality of different computer-related applications, the universal speech-recognition interface comprising:
> input means for receiving speech-recognition data including recognised words;
> output means for outputting the recognised words into at least any one of the plurality of different computer-related applications to allow processing of the recognised words as input text; and
> audio playback means for playing audio data associated with the recognised words.

[판단]

연방항소법원은 "소프트웨어의 특허 적격성이 인정되기 위해서 청구항이 방법에 관한 것이 아닌 것이라면 특허 대상이 유형의 형태로 존재해야 함에도 이 사건에서 쟁점이 되는 청구항은 하드웨어에 관한 한정이 없이 단지 소프트웨어 지시들만 청구하고 있다."고 지적하면서 유형 또는 물리적 객체가 청구항에 포함되어 있지 않은 경우, 방법을 제외한 발명의 대상이 되는 4가지 카테고리(기계, 제조물, 및 조성물)에 해당하지 않으므로 특허 적격성이 인정되지 않음을 분명히 했다. 연방항소법원의 판결들을 살펴보면 데이터 자체나 인터페이스 등과 무형의 소프트웨어에 대한 청구항 발명은 35 U.S.C. §101의 4가지 카테고리에 해당하

---

43. ___ F.3d ___ (Fed. Cir. 2015).

지 않는다는 입장이 분명하다.

4.1 개요

유럽에서의 소프트웨어 특허에 대한 인정 여부는 1978년 유럽
특허조약EPC, European Patent Convention 이전과 이후로 분리해 살펴볼
필요가 있다.

EPC 조약 이전에도 국가별로 소프트웨어 발명이 특허 대상인
지 여부는 논란이 존재했다. 컴퓨터·소프트웨어 발명에 대한 특
허 적격성을 판단한 세계 최초의 국가는 영국이며, Slee and
Harris 판결(1965)에서 선형연립방정식 또는 부등식을 풀기 위한
알고리즘에 관한 발명은 특허 대상이 된다고 했다.[44]

독일에서는 Dispositions program 사건에 대한 판결에서 컴퓨
터·소프트웨어 발명에 대한 특허 적격성을 판단한 사례가 있다.
이 발명은 메모리에 기억된 데이터 파일을 다른 메모리에 기억
된 새로운 데이터로 갱신하고, 그 메모리로부터 임의의 데이터
를 출력하는 데이터처리 시스템에 관한 것이다. 독일연방대법원
은 「디스포지션 문제를 해결하기 위한 전자적 데이터 처리 시스
템을 위한 구조와 계산 프로그램은 공지의 데이터 처리시스템에
서 예정되어 있는 사용에 불과하므로 특허성이 없다. 다만 신규

---

44. 世界のソフトウェア特許, -その理論と実務, 2013.8. 441-449면 인용

하고 진보성이 있으면서 관용적이지도 명백하지도 않은 방식으로 청구된 발명은 기술적 영역에 속한다.」고 했다.

위 판결에서 인용한 '기술적 영역'의 표현은 위 판결 이전인 Wettschein 판결(GRUR 1958, 602)에서의 기술적 과제를 해결하기 위한 특정의 기술적 수단에 의해 기술적 결과를 달성하는 지시가 주어졌을 경우에만 기술적 발명이 존재한다는 표현을 인용하고 있다.

독일 법원의 '기술적 영역'을 고려한 특허 적격성 판단 방법은 이후 EPC 조약과 유럽 특허청EPO, European Patent Office의 심사가이드 Guidelines for Examination in the European Patent Office에서 컴퓨터·소프트웨어 발명의 특허 적격성을 판단하는 기초가 되었다.

EPC 조약 체결 전 유럽의 주요 국가들은 많은 논의를 거쳐 컴퓨터 프로그램 그 자체에 한해 특허성을 배제하는 것으로 결정했다. 그 이유는 컴퓨터 프로그램의 특허성에 대한 논란으로 인해 특허심사관의 심사에 부담으로 작용하기 때문에 제외해야 한다는 논리가 작용했다. 그 결과 EPC 52조에서 컴퓨터 프로그램 그 자체는 특허 적격성에서 제외되었다.

유럽 특허조약에 따르면 컴퓨터 프로그램 그 자체뿐만 아니라 수학적 방법, 사업하는 방법도 특허성이 배제된다. 유럽 특허청은 제52조를 기초로 과거 컴퓨터 프로그램의 특허성을 부인했고, 이러한 유럽 특허청의 실무는 미국, 일본 등의 소프트웨어 특허정책과는 배치되는 것으로 주목을 받아왔다.

그러나 1987년 이후 유럽 특허청 심판부는 연이어 컴퓨터 프로그램의 특허성을 지지하는 심결을 내림으로써 소프트웨어의 특허성 판단 기준을 완화했고, 그 보호대상도 확대했다. 현재 유럽 특허청의 실무에 따르면 발명이 비록 영업방법에 관한 것일지라도 그 영업 체계business scheme가 기술적 특성을 가지고 소프트웨어가 하드웨어를 통해 기술적 효과를 발휘하면 특허성이 인정되고 있다.

4.2 법률 및 판례에 의한 특허 적격성 판단

4.2.1 유럽특허조약(EPC)의 규정

EPC 52조(1)[45]에 의하면 유럽특허는 신규한 것으로서 산업상 이용 가능하고 진보성이 있는 발명에 대해 부여하며, EPC 52조(2)에서 다음의 사항은 특허 대상이 아닌 것(이하 '비특허 대상'이라고도 함)으로 열거하고 있다.

이 중에서「영업을 하기 위한 기법, 규칙 및 방법, 혹은 컴퓨터 프로그램」을 비특허 대상으로 규정한 내용이 유럽에서의 컴퓨터 프로그램 및 영업방법 발명의 특허등록을 어렵게 만드는 주요한 요인이 되고 있다.

한편 EPC 52조(2)의 규정에 따른 비특허 대상은 유럽특허출

---

45. EPC Art. 52 Patentable inventions

   (1) European patents shall be granted for any inventions, in all fields of technology, provided that they are new, involve an inventive step and are susceptible of industrial application.

원 또는 유럽특허가 당해 보호대상 그 자체^{as such}에 관련되어 있는 경우에만 적용된다. 즉, EPC 52조(3)은 52조(2)의 내용과 직접 관련을 갖는 그 자체인 경우에 한해서만 특허성을 제외한다는 것이다. 즉, 컴퓨터 프로그램을 예로 들면 발명의 대상이 컴퓨터 프로그램 그 자체라면 EPC 52조(2)의 규정에 의해 특허를 받을 수 없지만, 컴퓨터 프로그램을 이용한 기계 또는 프로세스인 경우에는 컴퓨터 프로그램을 이용하고는 있지만, 컴퓨터 프로그램 그 자체는 아니므로 EPC 52조(3)의 규정에 따라 특허의 대상이 될 수 있다.

유럽 특허청은 EPC 52조(2)에서 컴퓨터 프로그램 등을 특허 대상에서 명문으로 제외하고 있으나 심결례는 EPC 52조(2)에 해당하더라도 발명의 내용이 EPC 52조(3)에서 말하는 '그 범주 자체^{as such}'에 해당하지 않도록 통상적인 범위를 초과한 추가적인 기술적 효과를 나타내고 있으면 컴퓨터 프로그램도 특허 대상이 될 수 있다고 해 특허 대상의 범위를 확대했다.[46]

[1] 발명에 해당하는지 여부의 판단 기준

EPC 52조(1)의 발명에 해당하는지 여부를 판단하는 경우, 첫째 발명이 EPC 52조(2)의 발명 제외사항 자체에 해당할 경우에만 EPC 52조(2)로 거절해야 하고, 둘째 청구된 대상^{claimed subject matter}이 청구항 전체로서 고려해 기술적 성질^{technical character}이 있는가

---

46. 조채영, "특허의 대상: 특허 대상 확대 여부에 관한 논의를 중심으로", 지식재산연구, Vol.4 No.2, 2009, 45면

여부를 판단할 때에는 청구항 형태나 종류에 구애받지 않고 그 내용을 기준으로 판단해야 한다.

[2] 컴퓨터 프로그램 그 자체에 대한 특허성[47]

컴퓨터 프로그램 그 자체는 EPC 52조(2)의 비특허 대상에 포함 되지만, 기술적 성질을 갖고 있다면 EPC 52조(2) 및 EPC 52조 (3)에 의해 특허성이 배제되지 않는다. 즉, 컴퓨터 프로그램이 통상의 물리적 효과를 뛰어넘는 추가적인 기술적 효과를 발생시 킨다면 컴퓨터 프로그램 그 자체로 청구되거나 신호 또는 기록 매체로 청구되더라도 특허 가능한 것이다.

4.2.2 유럽 법원의 판례

[1] 「Sohei」 사건(1995, 심결번호 T 769/92)

「Sohei」 사건에서 심판부는 그동안 소프트웨어 및 영업방법에 대해서는 특허를 인정할 수 없다고 인식되어 왔던 유럽에서도 소위 영업방법에 대해 특허를 받을 수 있는 길을 제시했다.

문제가 된 발명은 영업점 및 사무실에서 회계, 재고, 인사, 건 축 관리를 하기 위한 컴퓨터 시스템에 관련된 것이었다. 이에 대해 종래 기술은 동일한 데이터의 입력처리를 하는 데 있어 조 작자operator가 최소 2번 이상의 작업을 요했다. 이 발명은 이러한 종래 기술의 문제점을 해결하기 위해 기 입력된 정보는 데이터

---

47. Guidelines for Examination in the EPO Nov. 2014, PART G. Patentability,
    Chapter II – Inventions, 3.6 Programs for computers

파일에 저장하고 연속된 조작자의 입력에 대해 최신 정보로 수정되어지는 스크린 메뉴의 형태의 대체전표^{transfer slip}를 제공했다. 발명의 구성에 사용된 하드웨어는 모두 알려진 것이었다.

심판부는 이 발명이 단일 시스템에서 상이한 관리 타입의 데이터 처리 방법을 제공함으로써 종래 기술의 문제점을 기술적으로 해결했다고 판단하고 특허 대상으로 인정했다. 즉, 특허 대상으로서의 기술적 과제가 제시되고 그러한 청구항이 관리 방법을 특정 형태로 한정하고 있다면 기술적 성질^{technical character}이 그러한 청구항에 적용되고 있는 것으로 판단할 수 있고, 이에 따른 기술적 효과^{technical effect}는 해결하고자 하는 기술적 과제와 과제의 해결을 위한 기술적 특징^{technical feature}이 있기 때문에 특허성이 인정될 수 있다는 것이다. 즉, 심결은 이 시스템은 데이터를 처리하기 위한 복수의 파일과 처리 수단을 제공하고 있고, 기술적 고려가 있으므로 특허 대상으로서 인정했다. 그러나 재무관리를 위해 사용되고 있다는 것에 대해서는 특허 대상으로 인정하지 않았다.

[2] 「Pension」 사건(2000, T931/95)

① 개요

Pension 사건에서는 미국특허청이 특허를 부여한 「개선된 연금 수익 시스템^{Improved Pension Benefit System}」의 특허성을 부인했다. 청구된 발명은 「최소한 하나의 가입자 고용주 계정을 관리함으로써 연금 수익 프로그램을 통제할 수 있는 방법과 연금 수익 시스템을 제어하기 위한 장치」에 관한 것이다. 이 사건의 심결 당시에는 컴퓨터 관련 발명의 성립성과 관련해 EPC 52조(1) 및 (2)를 해석하는 데 있어 이정표가 되었으나, 최근에는 이후에 소개하는 T641/00 사건(Two identities/COMVIK 사건)과 T258/03 사건(경매방법/Hitachi 사건)에 그 자리를 양보하게 됐다.

심판부는 기술적 성질technical character이 특허 대상인 발명의 요건을 만족시키기 위해 EPC의 묵시적 요건이라고 설명했다. 또한 심판부는 단지 경제적 개념이나 영업활동을 포함하는 방법 또는 영업을 수행하는 방법 그 자체는 EPC 52조(1)에서 의미하는 '발명'에는 해당하지 않으므로 특허 받을 수 없다고 주장했다. 2001년 이전까지 이 사건의 심결은 T769/92 사건(Sohei 사건)의 심결과 함께 영업방법에 관한 EPO 심판부의 가장 적절한 심결로서 간주되었다.

② 심결의 주요 내용

심판부는 먼저 EPC 52조(2)(c)에 규정된 영업방법 그 자체와 관한 방법과 기술적 성질을 가지는 영업방법 사이의 차이점에 대해 설명했다. 데이터 처리 시스템과 컴퓨팅 수단, 즉 기술적 수단이 방법 청구항에 언급되어 있다는 단순한 사실만으로, 청구된 방법이 기술적 성질이 있는 것으로 인정되는 것은 아니다. 즉, 「순수하게 비기술적인 목적 및/또는 순수하게 비기술적인 정보를 처리하기 위한 기술적 수단이 기술적 성질을 반드시 가져오는 것은 아니다.」

이와 같은 방법 청구항의 해석과는 달리 장치 청구항에 대해 심판부는 다음과 같이 설명했다.

「특정 분야에 사용하기 위해 적절히 프로그램된 컴퓨터 시스템은 비록 그 분야가 비즈니스 및 경제관련 분야라 하더라도 물리적 실체physical entity라는 점에서 구체적 장치에 대한 성질을 가지므로, EPC 52조(1)에서 의미하는 '발명'에 해당한다.」 이때 방법 청구항과 장치 청구항에 대한 다른 취급은 EPC 52조(2)(c)에 규정된 비특허 대상의 예시에 '장치'가 언급되지 않고 '방법'만이 언급되었다는 점에서 정당화될 수 있다.

또한 심판부는 청구된 발명이 EPC 52조(1)에서 의미하는 발명인지 여부를 고려할 때 발명의 새로운 특징new features과 종래 기술로부터 알 수 있는 특징 사이를 구분할 때 존재하는 소위 「기여 접근법contribution approach」의 적용을 거부했다. 한편 장치 청구항에 대해서는 비록 장치 청구항이 EPC 52조 규정을 만족한다고 하더라도 발명에 의해 개선된 부분이 경제 분야에만 관한 것이므로, 진보성에 기여될 수 없다는 이유로 거절됐다.

[3] 「경매방법/Hitachi」 사건(2004, T258/03)
① 개요
이 사건은 서버 컴퓨터에서 수행되는 독일식 경매 방법에 관한

것으로서 이 사건의 심결은 T641/00 심결과 함께 현재 컴퓨터 관련 발명 또는 영업방법 발명에 대한 '발명의 기술적 성질' 및 '진보성'의 판단에 많은 영향을 주고 있다.

「방법 청구항에 단순한 기술적 수단이 언급되었다고 반드시 청구된 발명이 기술적 성질을 가져다주는 것은 아니다.」라는 이전 T 931/95(Pension) 사건의 심결과는 달리 심판부는 이 사건에서 「기술적 수단이 포함되는 방법은 EPC 52조(1)이 의미하는 발명에 해당한다.」고 판단했다. 즉, 심판부는 EPC 52조(2)에 대한 특허성 심사에 있어서 장치 청구항 및 방법 청구항이 동일한 기준이 적용된다고 판단했다.

요컨대 심판부는 영업방법과 관련된 청구항에 컴퓨터 하드웨어(기술적 수단)가 있으면 기술적 기여와 관계없이 EPC 52조(2)에 규정된 영업방법 제외의 거절이유를 극복하기에 충분하다고 했다.

② 심결의 주요 내용
심판부는 다음과 같은 사항을 명확히 했다.

- 청구된 대상이 특허를 받기 위해서는 다음의 네 가지 요건인 발명의 성립성, 신규성, 진보성 및 산업상 이용 가능성의 요건을 만족해야 한다.
- '발명'이라는 용어는 '기술적 성질을 가지는 대상subject matter'으로서 해석되어야 한다.
- 청구된 대상이 EPC 52조(1) 발명인지의 확인은 다른 요건,

신규성, 진보성 및 산업상 이용 가능성의 테스트를 수행하기 전에 행해져야만 한다.

이에 따라 심판부는 「해당 분야에 대한 지식 없이도 청구된 대상이 EPC 52조 (2)의 규정에 배제되는지 여부를 판단하는 것이 가능해야만 한다.」고 설명했다. 이러한 접근법에 기초해 심판부는 특허성으로부터 제외되는 분야에 기여하는지를 판단함으로써 청구된 대상이 EPC 52조(1)에서 의미하는 발명인지 여부를 판단할 때 존재하는 소위 「기여 접근법contribution approach」의 적용을 포기했다. 또한 심판부는 본래 기술적 특징은 EPC 52조(1)의 요건을 만족시키므로, 기술적 특징과 비기술적 특징이 혼합된 청구항은 특허 대상이 된다는 사실을 확인했다. 따라서 심판부는 T931/95(Pension) 심결과 마찬가지로, '서버 컴퓨터', '클라이언트 컴퓨터'와 '네트워크' 같은 기술적 수단을 명확히 포함하는 장치 청구항은 EPC 52조(1)에서 의미하는 발명에 해당한다고 했다. 한편, 심판부는 T931/95 심결과는 달리 「청구항의 기술적 특징의 진부함 정도에 기초한 방법에 대한 기술적 성질의 평가는 종래 기술 또는 일반 상식의 견지에서 평가가 수행됨으로써 기술적 기여 접근법이 일부 포함될 수 있다.[48]」는 것을 근거로, 장치 청구항에 대한 접근법은 방법 청구항에도 적용되어야

---

48. "an assessment of the technical character of a method based on the degree of banality of the technical features of the claim would involve remnants of the contribution approach by implying an evaluation in the light of the available prior art or common general knowledge"

한다고 판단했다.

이러한 T258/03(Hitachi 사건) 심결의 결과, 현재 EPO 심판부는 특허 대상인지 여부의 심사에 있어 다음과 같은 일반적인 기준을 확정했다.

EPC 52조(1)에서 의미하는 '발명'의 개념과 관련해 중요한 사항은 실체(entity)의 물리적 특징 또는 활동의 본질에 포함될 수 있거나 기술적 수단을 사용함으로써 비기술적 활동에 인정될 수 있는 기술적 성질의 존재여부다. 이러하므로, ..., 비발명(non-invention) 그 자체에 해당하는 활동은 어떠한 기술적 암시도 없는 순수한 추상적 개념을 전형적으로 나타낸다.[49]

[4] 심결 정리

Sohei 사건(T 769/92)에서 영업방법 관련 출원을 특허 대상으로 최초로 인정한 이후, 영업방법과 관련한 심결은 Pension 사건(T931/95)과 Hitachi 사건(T258/03)을 통해 발전되어 왔다. 특히 영업활동에 단순히 기술적 수단을 사용하는 것만으로 기술적 성질의 요건을 만족할 수 있는지, EPC 52조(1)에서 의미하는 '발명'의 요건을 만족하는지 여부에 대해 심결의 변천이 있었다.

---

49. "What matters having regard to the concept of 'invention' within the meaning of Article 52(1) EPC is the presence of technical character which may be implied by the physical features of an entity or the nature of an activity, or may be conferred to a nontechnical activity by the use of technical means. Hence, (...), activities falling within the notion of a non-invention 'as such' would typically represent purely abstract concepts devoid of any technical implications."

구체적으로 Pension(T931/95) 사건에서는 「방법 청구항과 관련해서는 기술적 수단이 방법 청구항에 언급되어 있다는 단순한 사실만으로 청구된 방법이 기술적 성질이 있는 것으로 인정되는 것은 아니나, 장치 청구항과 관련해서는 적절히 프로그램된 컴퓨터 시스템은 비록 그 분야가 비즈니스 및 경제관련 분야라 하더라도 물리적 실체라는 점에서 구체적 장치에 대한 성질을 가진다.」고 하면서 방법 청구항에 대해서는 단순한 기술적 수단의 한정만으로 '발명'의 요건을 만족하는 것은 아니라고 판단했다.

그러나 이후의 사건인 Hitachi 사건(T258/03)에서는 방법 청구항에 대해서도 단순히 기술적 수단을 한정하는 것으로도 '발명'의 요건을 만족하는 것으로 판단했다. 그러나 이 경우에는 COMVIK 사건(T641/00)과 심결로부터 알 수 있듯이 일반적으로 기술적 과제를 해결하기 위한 기술적 기여가 없기 때문에 진보성이 없다는 이유로 거절될 가능성이 높을 것이다.

요컨대 최근의 영업발명과 관련한 심결(T641/00, T258/03)에 따르면 EPC 52조(1)에서 의미하는 '발명'의 요건을 만족시키기 위해 기술적 기여에는 이르지 않는 단순한 기술적 수단(비기술적인 특징)을 청구항에 포함시킬 수 있지만, 이와 같은 한정은 기술적 과제 해결을 위한 기여로 인정되지 않기 때문에 진보성이 인정될 수 없다고 판단하고 있다.

4.3 소프트웨어 관련 심사기준의 특허 적격성 판단

유럽 특허청EPO에서는 소프트웨어 관련 발명의 심사기준과 관련해서 별도의 독립적인 심사기준을 운영하지 않고 일반 심사기준 내에서 규정하고 있으며, 구체적으로 비특허 대상에 대한 EPC 52조(2)에 대한 심사기준에서 소프트웨어 관련 발명을 컴퓨터 구현 발명 또는 컴퓨터 프로그램 발명으로 정의해 언급하고 있다.

유럽 특허청의 심사기준은 EPO 기술심판부Technical boards of Appeal의 심결 사례를 수집·분석·정리해오면서 현재의 심사기준으로 발전되어 왔다.

초창기의 심사기준에서 특허 적격성을 통과하기 위해서는 소프트웨어(컴퓨터 프로그램)와 하드웨어(컴퓨터) 간의 통상적인 상호작용을 넘어서는 기술적 효과technical effect나 기술적 공헌technical contribution이 필수적으로 요구됐으나, 현재는 청구범위에 기술적 특징technical character만을 갖추더라도 특허 적격이 인정되는 정도로 그 기준threshold이 상대적으로 낮아졌다.

4.3.1 1985년의 심사기준

1985년 개정된 심사기준에서는 비특허 대상인 「컴퓨터 프로그램 그 자체computer program as such」의 의미를 컴퓨터 프로그램에 대해서도 특허성이 인정될 수 있도록 좀 더 완화했다. 구체적으로 컴퓨터 프로그램 자체가 특허를 받을 수 없다는 기본 전제는 변하지 않았지만, 「하나의 프로그램이 공지의 컴퓨터로 로딩될 때 청구된 대상claimed subject matter이 공지기술에 비해 기술적인 기여 technical contribution가 있다면 단지 그 실행에 컴퓨터 프로그램이 관여되었다는 이유만으로 특허성을 부인해서는 안 된다.」는 것이다. 이 심사기준에서는 특허 받을 수 있는 예로서 「프로그램에 의해 제어되는 기계와 제조공정 및 제어 프로세스」를 추가해 설명했다. 또한 특허를 받기 위한 발명대상인 청구범위는 단일구성 또는 특징만을 토대로 판단되는 것이 아니라, 전체as a whole로서 파악되어야 한다고 설명했다. 따라서 1985년 심사기준에 따르면 청구된 대상을 전체로서 고려했을 때 그것이 기술적 해결과제에 기초한 공지기술에 대해 기술적인 기여가 있는 경우에는 특허를 받을 수 있게 되었다.[50]

4.3.2 EPO 심사기준의 변천 및 향후 전망

컴퓨터 프로그램과 관련한 현재의 심사기준Guidelines for Examination in the EPO은 이후에 설명하는 IBM 사건 등의 심결에 영향을 받아 개정된 것이다. 현재 컴퓨터 프로그램과 관련한 EPO의 심사기준은 2007년 12월13일 발표한 것으로 2000년 11월 29일 발표한 유럽특허조약 2000EPC 2000의 영향으로 2007년 12월 13일부터 개정되었으나, 개정된 부분은 EPC 2000과 관련된 것으로서 컴퓨터 프로그램과 관련한 부분은 2001년에 개정된 내용과 동일하다.

유럽 특허청의 심사기준은 최근 몇 년 동안 소프트웨어 분야

---

50. 유환, "영업방법 관련 발명의 특허 보호에 관한 연구", 연세대학교 법무대학원 석사학위논문 p.58, 2004.

에 대한 심사기준의 변화가 없었으므로 2014년 미국의 Alice 판결이후 유럽 특허청도 소프트웨어 특허 적격성의 판단 기준에 대해 재검토할 수도 있다.

EU 회원국 중 일부 국가는 각 국가별 산업 수준에 따라 소프트웨어 특허에 대해 여전히 부정적이고, 일부 국가는 소프트웨어를 미래 산업의 핵심 기술요소로 보고 친특허적 입장인 상황에서 EU 집행부가 소프트웨어 특허에 대해 유럽 전체적으로 단일 정책으로 통일하기 어려울 것으로 판단된다. 또한 과거 EU 집행부가 미국에 비해 상대적으로 소프트웨어 특허에 대해 관대한 정책을 추진한 바가 없었다는 전례에 비추어 보면 EU 집행부나 유럽 특허청이 소프트웨어 특허를 확대하거나 제한하는 새로운 정책이나 기준을 제안하기보다는 현행 심사기준을 그대로 유지할 것으로 예상된다.

4.3.3 현행 EPO 심사기준[51]

EPO의 심사기준에서는 「PART B-CHAPTER VIII Subject-matter to be excluded from the search/2.2.1 Computer implemented inventions and business methods」에서는 컴퓨터 구현 영업방법에 관한 청구항에 기재된 기술적 구성이 통상의 기술자에게 논란[52]이 없을 정도의 명백하게 자명한 경우에는 선행기술 문헌 검색 보고서에 인용 문헌을 첨부하지 않아도 된다고 규정하고 있다.

---

51. Guidelines for Examination in the EPO Nov. 2014.

52. T 1411/08, Reasons 4.1 and 4.2, and T 690/06,Reasons 13

또한 「PART G. Patentability, Chapter II - Inventions」에서 EPC하에서의 컴퓨터 구현 발명의 특허 가능성이 다음과 같이 설명돼 있다.

[1] 일반적 사항(General)

① 기초 요건(Basic Requirement)

EPC 52조(1)은 유럽특허에서 특허성의 네 가지 요건 중 발명의 성립성, 산업상 이용 가능성, 신규성, 진보성의 요건을 규정하고 있다.

② 추가 요건(Further Requirement)

위 네 가지의 요건에 추가해 EPC에 묵시적으로 포함되는 다음의 2개 요건에 대해 심사관이 명심해야 한다. 제 1 요건은 소위 실시가능요건(EPC 83조)이고, 제 2 요건은 EPC 규칙에 기초한 이하의 규정이다.

발명은 특정 기술 분야technical field(EPC 규칙 42(1)(a))에 관련될 만한 「기술적 성질」을 가져야 한다. 한다. 또한 발명은 기술적 과제technical problem(EPC 규칙 42(1)(c))에 관계해야만 하고, 발명은 보호를 구하는 사항이 청구항에 규정(EPC 규칙 43(1))된다는 점에서 기술적 특징technical features을 가지고 있어야 한다. [53]

---

53. Rule 42 Content of the description
(1) The description shall:
  (a) specify the technical field to which the invention relates;
  (c) disclose the invention, as claimed, in such terms that the technical problem, even if not expressly stated as such, and its solution can be understood, and state any advantageous effects of the invention with reference to the background art;

③ 기술적 진보, 유리한 효과(technical progress, advantageous effects)

EPC는 발명이 특허 대상으로 되기 위해 발명이 기술적 진보나 유용한 효과를 수반해야 하는 것을 명시적으로도 묵시적으로도 요구하고 있지 않다.

[2] 발명(Inventions)

① 제외 리스트(List of Exclusions)

EPC에는 발명을 정의하고 있는 규정이 없다. 한편 EPC 52조(2)에서는 EPC 52조(1)에서의 발명으로서 간주되지 않는 대상(비특허 대상)을 예시적으로 열거하고 있다. 이 EPC 52조(2)에 규정된 비특허 대상의 예시는 추상적인 것(발견, 과학적 이론, 수학적 방법 등)이거나, 비기술적인 것(미적창작물, 정신적 행위/게임/영업방법을 위한 규칙)이거나, 컴퓨터 프로그램 자체, 단순한 정보의 제시 등이다. 이 EPC 52조(2)의 규정으로부터 EPC 52조(1)에서의 특허 대상인 발명은 구체적concrete이고 기술적 성질을 가져야만 한다. 그리고 이는 어떠한 기술 분야라도 될 수 있다.

② 심사 실무

EPC 52조(1)의 발명인지 여부에 대한 심사 실무는 다음과 같다. EPC 52조(3)의 적용제외에 관한 규정에 의하면 EPC 52조(2)에 규정된 특허가 비특허 대상 또는 활동activity은 특허 출원 또는 특허가 EPC 52조(2)에 열거된 대상 그 자체 또는 활동 그 자체에 관한 것이라고 하는 범위에서만 제외해야 하는 것으로 규정되어 있다.

청구된 대상 또는 활동이 기술적 성질을 가지는가 여부는 전체로서 고려되어야만 한다. 청구된 대상이 기술적 성질을 가지고 있지 않은 경우, EPC 52조(1)가 의미하는 발명이 아니다.

EPC 52조(1)이 의미하는 발명인지 여부의 기본 테스트는 청구된 대상이 산업상 이용 가능성, 신규성, 진보성을 가지는가 여부와는 별개의 것이다.

[3] 제외 리스트(List of exclusions)

① 정신적 행위, 게임 또는 영업을 수행하기 위한 기법^{schemes}, 규칙^{rules} 및 방법^{methods}에 관한 청구항이 컴퓨터를 특정하고 있는 경우에는 컴퓨터 관련 발명으로서 심사한다.

② 수학적 방법 자체는 보호되지 않지만, 수학적 방법을 채택한 프로세서는 기술적 특징을 포함하는 것으로 EPC 52조(2)(3)에 의해 특허성으로부터 제외되지 않는다.

③ 컴퓨터 프로그램(programs for computers)

컴퓨터 프로그램을 포함한 발명은 '컴퓨터 구현 발명$^{computer-implemented\ invention}$'의 형태로 보호될 수 있다. 컴퓨터 구현 발명은 컴퓨터와 컴퓨터 네트워크를 포함하는 청구항 또는 「컴퓨터 프로그램」을 수단으로서 실현되어지는 프로그램된 장치를

포함하는 청구항으로 표현되며, 일견prima facie해 청구된 대상의
하나 이상의 기능(특징)이 프로그램에 의해 실현되는 것이다.
컴퓨터 구현 발명에 관한 청구항은 장치를 작동시키는 방법
의 형태일 수 있다. 여기서 장치는 방법 또는 컴퓨터 프로그
램 자체를 구현하기 위해 특별히 설치된 장치[54]뿐만 아니라
'프로그램을 운반하는 물리적 매체[55]', 즉 '데이터 캐리어',
'저장 매체', '컴퓨터 판독 가능 매체' 또는 '신호'와 같은 '컴
퓨터 프로그램 제품'을 포함한다.

「컴퓨터 프로그램」이 EPC 52조(2)의 비특허 대상 리스트에
있다고 하더라도 청구된 대상claimed subject matter이 「기술적 성질」을
가지면 EPC 52조(2) 및 (3)에 규정에 따라 특허 대상으로부터
제외되는 것은 아니다.

구체적으로 「컴퓨터 프로그램」과 관련한 심결 T1173/97
(computer program product/IBM 사건)에 기초한 판단은 다음과
같다.

통상의 물리적 효과(즉, 프로그램과 컴퓨터 사이에 있어서의 통상의 물리적 상
호작용)만으로는 컴퓨터 프로그램에 「기술적 성질」을 부여하기에는
충분치 않다. 그러나 컴퓨터 프로그램이 컴퓨터상에서 실행될 때
통상의 물리적 효과를 넘는 「추가 기술적 효과(further technical effect)
」를 갖는 것이 가능하면 이 컴퓨터 프로그램이 특허 대상으로부터

---

54. 심결 T 1173/97

55. 심결 T 424/03

제외되는 것은 아니다. 이「추가 기술적 효과」는 컴퓨터 프로그램에 기술적 성질을 부여한 것으로, 예컨대 공업적 프로세서의 제어에서 물리적 실체(physical entity)를 표시하는 데이터의 처리 또는 그 프로그램의 영향 아래에 있는 컴퓨터 자체 또는 그 인터페이스 내부 동작에서 인정할 수 있도록 한 것이다. 따라서 프로그램이 컴퓨터상에서 실행되는 경우 그 프로그램과 컴퓨터 사이에 통상의 물리적 상호작용을 넘는「추가 기술적 효과」를 가질 수 있으면 그 컴퓨터 프로그램은 EPC 52조(1)이 의미하는 법정 주제의 발명으로 인정된다.

특허 대상으로 인정되는 청구항은 프로그램 리스트를 포함해서는 안 되며, 프로그램이 실행될 때 그 프로그램이 의도하는 프로세스의 특허가능성을 보증하는 전체 기능(특징)을 규정해야만 한다.

또한 심결 T769/92(sohei 사건)에 의하면 특허가능성을 위한「기술적 성질」의 요건은 그 발명의 실시를 위해「기술적 고려technical considerations」가 요구되면 충족되지만, 이와 같은「기술적 고려」는 청구항에 반영되어 있어야만 한다.

심결 T258/03(경매 사건/Hitachi 사건)을 참조하면「기술적 수단 technical means」을 정의 또는 사용하는 청구된 대상은 EPC 52조(1)가 의미하는 범위의 발명이다.

만약 일견prima facie해 청구된 대상이「기술적 성질」을 가지지 않으면 EPC 52조(2) 및 (3)의 규정에 의해 거절해야만 한다. 만약 청구된 대상이「기술성technicality」의 일견 테스트prima facie test에

통과하면 심사관은 다음으로 신규성 및 진보성 검토를 진행해야
만 한다.

진보성의 평가에 있어서 심사관은 해결되는 구체적 과제를 확
립해야만 한다. 그 과제가 해결하고자 하는 발명은 종래 기술에
대한 그 발명의 기술적 기여technical contribution를 포함한다. 이와 같
은 기술적 기여는 청구된 대상이 「기술적 성질」을 가진다면 더
욱이 EPC 52조(1)이 의미하는 발명인 것을 확실하게 한다. 만약
그와 같은 기술적 과제가 인정되지 않은 경우에는 청구된 대상
은 종래 기술에 대한 발명의 기술적 기여가 없는 것이기 때문에
진보성 요건의 위배의 이유로서 청구항이 거절된다.

4.3.4 유럽 특허청 기술 심판원과 심사관의 심사 실무 요약

현재 유럽 특허청의 기술 심판원과 유럽 특허청 특허심사관들은
소프트웨어 특허에 대해 기술적 공헌, 기술적 효과의 기준을 적
용하지 않고, 다소 완화된 청구범위에 기술적 특성이 존재하는
지 여부를 기준으로 삼고 있다.

기술적 특성과 관련해 컴퓨터 프로그램에 의한 명령의 실행으
로 하드웨어의 물리적 변화(예: 전류의 변화량)는 모든 컴퓨터에서
발생하는 것이므로 이는 기술적 특성이 있다고 보지 않으며, 컴
퓨터 프로그램의 명령에 의해 일반적이고 관행적인 변화 이상의
추가적으로 발생하는 효과로 기술적 과제를 해결하는 경우에 기
술적 특성이 있다고 본다.

[1] 발명의 적격성이 인정되기 위한 요건

유럽특허법에는 발명의 적격성과 관련한 명확한 규정을 두고 있지 않지만, 심사기준에 따르면 「발명은 특정 기술 분야technical field에 관련될 만한 기술적 성질technical character을 가져야 한다.」라고 규정하면서 기술적 성질이 있어야 발명으로 성립되는 것을 명시했다.

[2] 컴퓨터 프로그램의 성립성 인정 여부

컴퓨터 프로그램 또는 컴퓨터 프로그램 기록매체의 경우, 그 프로그램이 컴퓨터상에서 실행될 때 그 프로그램과 컴퓨터 사이에 통상의 물리적 상호작용을 넘는 「추가 기술적 효과」를 가질 수 있으면 발명으로 성립되는 것을 명시했다.

[3] 컴퓨터 프로그램 관련 발명의 '기술적 성질'의 예

심사기준은 심결의 사례를 인용하면서 다음과 같은 청구항은 「기술적 성질」의 요건을 만족하는 것으로 예시하고 있다.

- 그 발명의 실시를 위한 「기술적 고려technical considerations」가 요구되는 청구항
- 「기술적 수단technical means」을 정의 또는 사용하는 청구항
- 종래 기술에 대한 「기술적 기여technical contribution」가 기재되어 있는 청구항

4.4 유럽 특허청의 심사 실무 사례

4.4.1 발명 적격성 인정한 사례

HITACHI 심결, T0258/03, 2004

[청구항]

A method of participation information delivery in an automatic auction system, comprising the steps of:

displaying information about auction received via an on-line circuit;

selecting an auction subject specified by an operator out of displayed subjects;

creating, for said selected subject, auction ordering information including a desired price, number of purchase, and a highest possible price in competition for the desired price; and

transmitting said auction ordering information to an auctioneer terminal (11).

[판단]

기술적 특징과 비기술적 특징의 조합은 EPC 52(1)의 의미 내에서의 발명으로 간주할 수 있고, 청구항의 주제가 발명에 해당하는지를 결정할 때 종래 기술은 고려되어야 하는 것이 아님을 고려하며, 기술적 특징과 비기술적 특징으로 이루어지는 주제를 EPC 52(2)의 조건으로 거절해서는 안 된다.

청구항은 「서버 컴퓨터」, 「클라이언트 컴퓨터」 및 「네트워크」라는 기술적 특징을 가지고 있으므로 기술적 수단을 사용하는 방법이고, EPC 52(1)의 의미 내에서 발명으로 본다.

MICROSOFT 심결, T0424/03, 2006

[청구항]

1. A method in a computer system (10) having a clipboard for performing data transfer of data in a clipboard format, said method comprising the steps of: providing several clipboard formats including a text clipboard format, a file contents clipboard format and a file group descriptor clipboard format, selecting data that is not a file for a data transfer operation, using the file contents clipboard format to hold said data by converting said selected data into converted data of said file contents clipboard format and storing the converted data as a data object,using the file group descriptor clipboard format to hold a file descriptor holding descriptive information about the data that is to be encapsulated into a file during the data transfer operation, completing the data transfer by providing a handle to said data object, using said handle to paste said data of said data object to a data sink, using said descriptive information to enable the computer system to create a file at the data sink and encapsulating the data object into said file.

2. A computer-readable medium having computer-executable instructions adapted to cause the computer system (10) to perform the method of claims 1.

[판단]

청구항 1의 발명은 클립보드 포맷의 데이터의 데이터 전송을 실행하는 클립보드를 가지는 컴퓨터 시스템에서의 방법에 관한 것이고, 청구항 2의 발명은 컴퓨터 시스템에 이 방법을 실행시키는 명령을 가지는 컴퓨터 판독 가능 매체에 관한 것이다.

청구항 2의 발명 주제는 컴퓨터 판독 가능 매체, 즉 캐리어를 포함한 기술적 재품에 관한 것이므로 기술적 성질을 갖는 것이고, 또한 컴퓨터 실행 가능한 명령은 컴퓨터 내의 내부 동작을 향상시킨다고 하는 새로운 기술적 효과를 달성할 가능성을 가지고, 데이터 처리용 하드웨어와 소프트웨어와의 기본적인 상호작용을 넘는 것이다. 그러한 이유로 매체상에 기록된 컴퓨터 프로그램은 컴퓨터 프로그램 그 자체로 볼 수 없다. 청구항은 EPC 52(1)의 의미 내에서 발명으로 본다.

5. 중국의 특허제도와 실무

5.1 중국 전리법에 의한 특허 적격성 판단

중국은 전리법^{專利法}에서 특허에 관한 법률을 규정하고 있다. 중국 지재권보호팀^{中国家保护知识产权网: Intellectual Property Protection in China}이 2008년 6월 20일자로 밝힌 '영업방법 발명 출원에 대한 심사 원칙'에 따르면 전리법상 영업방법의 발명을 직접적으로 언급하는 별도의 규정은 없다. 다만 발명의 적격성 규정과 관련해 영업방법이 특허 가능한지 여부를 결정하는 법률적 기준은 전리법 제 25.1(2)("정신적인 활동에 관한 법칙과 방법이 특허로 보호받을 수 없다.")에 따른다고 했다.[56]

---

56. http://english.ipr.gov.cn/ipr/en/info/Article.jsp?a_no=216934&col_no=199&dir=200806

제25조 1. 다음 각 항에 대해 전리권을 수여하지 않는다.

(1) 과학 발견;

(2) 지적 활동의 규칙 및 방법

(3) 질병의 진단 및 치료방법

(4) 동물 및 식물의 품종

(5) 원자핵 변환방법으로 획득한 물질

2. 상기 제(4)호에서 열거한 제품의 생산 방법은 이 법의 규정에 따라 전리권을 수여할 수 있다.

위 규정에 의하면 영업방법은 대개 정신적인 활동의 법칙으로 취급되므로, 전리법으로써 보호받을 수 없다. 그러나 컴퓨터 소프트웨어와 관련된 영업방법 특허는 기술과 결합되어 소정의 기술적인 문제점을 설정하고 그에 관한 기술적인 해결방안을 달성할 수 있을 수도 있으므로, 특허권을 받을 수도 있다.

5.2 특허심사기준에 의한 특허 적격성 판단

5.2.1 심사지침(審査指南)에 의한 특허 적격성 판단

중국 특허청은 IP5 특허청 중에서 가장 늦게 특허제도를 도입했기에 특허심사시스템의 운영에 있어서는 후발주자라고 할 수 있다. 중국 특허청은 빠른 제도의 안착을 위해 유럽의 특허심사시스템을 대부분을 수용했는데, 이 과정에서 중국 특허청은 심사기준도 자연스럽게 유럽의 심사기준과 매우 유사하게 되었다. 다만 중국 특허청의 심사기준에서는 컴퓨터 소프트웨어 발명의 청구항 형식은 장치, 방법만 허용되고, 기록매체, 컴퓨터 프로그램 제품은 특허 적격으로 허용되지 않는 점이 유럽 특허청의 심사기준과 차이가 있음을 알 수 있다.

중국 특허청의 심사 실무에서는 소프트웨어 발명의 특허 적격을 판단함에 있어서 소위 '기술 3 요소'의 판단이 존재하는데, 「① 출원된 발명이 기술적 과제를 해결하기 위함이어야 하고, ② 자연법칙에 근거한 기술적 수단을 이용해야 하고, ③ 기술적 효과를 얻을 수 있는 경우」를 의미한다. 다만 '기술 3 요소'의 판단에 대한 중국의 대표적인 판례를 찾기 어렵다는 점이 아쉽다. 행정부의 판단이 사법부의 판례보다는 우선하는 중국은 사회주의 국가체제의 영향 때문이라고 나는 생각한다.

5.2.2 2001년 심사지침

특허 대상이 될 수 있는 컴퓨터 관련 발명으로 다음과 같은 4가지 유형의 사례를 제시하고 있다.

[1] 자동화 기술 처리 과정과 관련된 발명

어떤 프로그램을 컴퓨터에 입력하면 이 프로그램이 제어하는 장치나 생산방법을 형성할 수 있지만, 이 프로그램을 떠나서는 자동공정을 실현할 수 없을 경우 이 프로그램과 컴퓨터 시스템을 일체一體로서 고려한다. 이럴 경우 프로그램이 제어하는 컴퓨터 장치와 프로그램은 공동으로 한 개의 발명을 형성하고 이 발명이 기술 효과를 구비하고, 완전한 기술 방안을 구성했을 경우 이 프로그램은 특허 가능성이 있다. 예를 들면 프로그램을 함유한

"水泥生料配比系統(수니생료배비계통)", "汽車用空調裝置與方法(기차용공조장치여방법)" 등을 들 수 있다.

[2] 컴퓨터 내부 운행 기능의 변경과 관련된 발명

프로그램을 컴퓨터에 입력한 후 이 컴퓨터 시스템의 내부 운행에 선명한 개선을 가져왔을 경우 이 프로그램과 컴퓨터 시스템은 한 개 전체로 되어 기술 효과를 구비했고 한 개의 완전한 기술방안을 구현했으므로 특허성이 있다고 인정한다. 예를 들면 "多道程序設計控制裝置與方法(다도정서설계공제장치여방법)", "假想存儲控制裝置與方法(가상존저공제장치여방법)" 등이다.

[3] 측량 또는 측정 과정과 관련된 발명

특정한 프로그램을 통해 측량 또는 측정 과정을 제어하거나 진행하면 그러한 프로그램을 함유한 측량 또는 측정설비 또는 방법이 기술 효과를 발생시킬 수 있고 완전한 기술방안을 구성할 수 있다면 특허성이 인정된다. 예를 들면 "地下金屬管線智慧檢測裝置及其電腦程式(지하금속관선지혜검측장치급기전뇌정식)" 등을 들 수 있다.

[4] 중국어 코드 방법 및 컴퓨터에서의 중국어 정보 처리 방법

일반적인 중국어 코드 방법은 지적활동 규칙과 방법으로서 특허법상의 기술 방법에 속하지 않고 기술 효과도 없으므로 특허권을 인정받을 수 없다. 하지만 중국어 코드와 이 코드를 사용한 특정 키보드를 결합함으로써 중국어를 처리하는 중국어 입력 방법 또는 중국어 정보 처리 방법으로 되면 컴퓨터가 중국어 정보 처리를 지령으로 해 수많은 새로운 기능을 생산할 수 있을 뿐만 아니라 완전한 기술방안도 구성할 수 있으므로, 이러한 컴퓨터 프로그램은 특허성이 인정된다. 예를 들면 "五筆字型漢字編碼方案及其電腦輸入方法(오필자형한자편마방안급기전뇌수입방법)" 등을 들 수 있다.

[5] 기록매체 발명

컴퓨터가 읽을 수 있는 기록매체는 중국 특허법 제25조 제2항의 규정에 의한 '지적활동 규칙 또는 방법'에 해당한다고 보고, 특허 대상에서 제외한다. 즉, 발명이 컴퓨터 프로그램 그 자체 혹은 기록매체(자기 테이프, 자기 디스크,광디스크, 광자기 디스크, ROM, PROM, VCD, DVD 혹은 기타 컴퓨터가 읽을 수 있는 기록매체)에 기록된 컴퓨터 프로그램인 경우에는 형식을 불문하고 지적활동의 규칙 또는 방법으로 본다. 이를 '컴퓨터가 읽을 수 있는 매체 배제의 원칙'이라 부르며, 위 심사지침에 의하면 결국 컴퓨터 프로그램에 관해서는 방법 발명만 인정되는 셈이었다.

[6] 영업방법 발명

컴퓨터 프로그램 관련 발명 중에서 특허의 대상이 되지 않는 발명의 예의 하나로 '기업의 종업원 관리 시스템'이 규정되어 있으며, 이를 일반적으로 '영업방법 배제의 원칙'으로 부르고 있다.

5.2.3 2006년 특허심사지침(審査指南) 개정

2006년 개정 심사지침[57]의 특징은 2001년 특허심사기준에서 불특허 대상으로 들고 있던 '기록매체' 및 '영업방법'의 기재를 삭제해 기록매체 및 영업방법 발명의 특허 가능성을 일부 인정한 점에 있다. 이는 소프트웨어 발명에 대한 특허 적격에 대한 국제적 조화를 고려한 조치로 판단되지만, 심사 실무에서는 여전히 기록매체 및 영업방법 발명의 특허 적격은 매우 엄격했다. 특허 적격성을 인정받기 위한 심사지침은 다음과 같다.

[1] 지적활동의 규칙과 방법에 해당하는 여부의 판단

① 청구항이 단지 알고리즘, 수학 연산규칙, 컴퓨터 프로그램 자체 또는 단순히 매체에 기록된 컴퓨터 프로그램, 또는 게임의 규칙과 방법 등에만 관련되면 지적활동의 규칙과 방법에 해당하므로, 특허 대상에서 제외한다.

② 매체의 물리특성(예를 들면 층상구조, 자기트랙의 간격, 재료 등)의 개량에 관련되면 특허 보호의 객체에 속한다.

③ 청구항의 내용에 지적활동의 규칙과 방법 내용을 포함할 뿐만 아니라 기술 특징도 포함하면(예를 들면 게임장치 등에 대해 게임 규칙뿐만 아니라 기술 특징도 포함하는 경우) 전체적으로 볼 때 지적활동의 규칙 및 방법에 해당하지 아니하므로 특허 대상이 된다.

---

57. 審査指南 2006 第二部分 实质审査 第九章 关于涉及计算机程序的发明专利申请审査的若干规定.

[2] 심사지침서에서 제시한 컴퓨터 프로그램 관련 발명의 적격성 판단 사례

분류	사례	심사지침	근거 규정
법정 주제 아님	① 컴퓨터 프로그램을 이용해 원주율을 구하는 방법 ② 자동으로 컴퓨터 마찰계수 μ를 구하는 방법 ③ 전 세계 언어문자의 변환 방법	지적 활동의 규칙 및 방법에 따름	법25.1(2)
	④ 컴퓨터 게임 방법 ⑤ 학습내용을 스스로 정하는 외국어 학습 시스템	기술 수단을 이용하고 있지 않거나, 혹은 기술적 효과를 얻을 수 없는 컴퓨터 프로그램에 관한 발명에 불과함	세칙 2.1
법정 주제	⑥ 고무의 프레스 성형 방법 ⑦ 모바일 컴퓨터 메모리 용량을 증가시키는 방법 ⑧ 컴퓨터 프로그램을 이용해 액체 점도를 측정하는 방법	과제를 해결하기 위해 기술적 수단을 이용하고, 그 결과 기술적 효과를 초래하므로 특허 인정	

출원발명이 불특허 대상에 해당하지 않는 경우, 특허법 실시 세칙 제2조 제1항[58]의 발명규정을 만족하는지, 즉 출원발명이 '기술적 특성'을 가지는지 여부를 심사한다. 구체적으로는 ① 기술 과제를 해결하기 위해, ② 기술 수단을 사용하고 있으며, ③

---

58. 중국 특허법 실시 세칙 제2조 제1항: 특허법에서 말하는 발명은, 물건, 방법, 또는 그 개량에 관해 도출된 신규한 기술 방안을 말한다.

기술적 효과를 가지는 것이면 완전한 '기술 방안'으로 앞의 규정을 만족한다고 본다. 앞에서와 같이 적격성을 만족하면 그 외에 실용성, 신규성, 진보성 등 일반적인 특허요건을 심사해 등록여부를 결정하게 됨은 물론이다.

5.2.4 현행 중국 특허심사지침(2010년 개정)

2010년 개정된 중국 특허심사지침에서도 종전과 마찬가지로 '컴퓨터 프로그램'은 특허의 대상에서 제외하고 있고, '기록매체'에 기록된 프로그램의 경우에도 특허 대상에서 제외하고 있다는 점에서 종전의 특허심사지침서와 실질적인 차이는 없다. 개정된 심사지침에서는 컴퓨터 프로그램을 특허의 적격의 판단 규정과 사례를 명확히 했고, 심사 실무에서는 기록매체 발명의 특허 가능성이 과거보다는 약간 높아졌지만, 여전히 대다수 기록매체 발명은 특허에서 제외됐다. 이는 PCT 심사 환경하에서 컴퓨터 프로그램을 포함한 기록매체 발명에 대한 자국의 특허 적격성 판단 기준이 국제적 기준과 차이가 있음으로 인해 심사 실무상 그 판단 기준의 혼선이 발생한 것으로 해석된다.

현행 2010년 중국 특허심사지침서에서 컴퓨터 프로그램에 관한 특허출원 심사에 관한 부분은 다음과 같다.

[1] 개요

컴퓨터 프로그램 특허출원의 심사는 일정한 특수성을 지니고 있다. 특허법과 그 실시규칙에 의해 컴퓨터 프로그램 특허출원심사의 특수성에 대해 구체적인 규정을 했고, 컴퓨터 프로그램 특허출원 특수성이 있는 부분을 제외한 다른 영역은 일반 특허출원과 같다. 본장에서 제기하지 않은 다른 일반성 심사사항에 대해서는 다른 장의 규정들을 준용한다.

컴퓨터 프로그램 자체는 어떤 결과를 얻음으로써 컴퓨터 등과 같은 정보 처리능력이 있는 장치가 집행하는 코드화 지령순서 혹은 자동전환되는 지령순서의 코드 혹은 코드화 문구순서를 의미한다. 컴퓨터 프로그램 자체는 소스 프로그램과 목적 프로그램을 포함한다.

컴퓨터 프로그램 발명은 발명에서 제기된 문제를 해결하기 위해 전부 혹은 부분적인 컴퓨터 프로그램 과정을 기초로 하고 컴퓨터 실행을 통해 편성된 과정으로 컴퓨터 외부대상이나 내부대상에 대해 제어하거나 해결수단을 처리하는 것을 의미한다. 여기서 말하는 외부대상의 제어나 처리는 어떤 외부 운행 과정이나 외부 운행 장치가 하는 제어, 외부 데이터에 대한 처리 혹은 교환이 포함된다. 내부대상의 제어나 처리는 컴퓨터 내부 시스템 성능의 개선, 컴퓨터 내부 시스템 자원의 관리, 데이터 전송의 개선 등이 포함된다. 컴퓨터 프로그램 해결수단에 컴퓨터 하드웨어의 변화가 꼭 포함되는 것은 아니다.

[2] 컴퓨터 프로그램 특허출원의 심사기준

특허법 제25조 제1관 제2항 규정에 의하면 원칙적으로 지능활동의 규칙과 수단에 대해는 특허를 주지 않는다. 컴퓨터 프로그램 특허출원은 다음의 원칙에 의해 심사를 진행한다.

① 만약 하나의 청구항이 한 가지 셈법이거나 수학 계산 규칙 혹은 컴퓨터 프로그램 자체이거나 기록매체에 기록만 된(예를 들면 테이프, 프로그램, CD, ROM, PROM, VCD, DVD 혹은 기타 컴퓨터가 읽을 수 있는 매개체) 컴퓨터 프로그램, 혹은 게임규칙이나 방법 등이라면 이 청구항들은 지능활동의 규칙과 방법에 속하므로 특허가 보호하는 대상에 속하지 않는다.

만약 하나의 청구항이 전제부 외에 진행하는 전부 내용이 한 가지 셈법이거나 수학계산규칙, 혹은 프로그램 자체, 게임의 규칙이나 방법 등 그 청구항이 실질상 지능활동과 방법에만 한하면 특허가 보호하는 대상에 속하지 않는다.

예를 들면 프로그램이 한정한 컴퓨터가 읽을 수 있는 매개체 혹은 하나의 컴퓨터 프로그램 상품은 게임규칙이 한정한 아무런 기술적 특징이 없는(예를 들면 아무런 물리적 실체특징이 없는) 컴퓨터 게임장치에 불과하다. 실질적으로 지능활동의 규칙과 방법에만 한했기 때문에 특허가 보호하는 대상이 아니다. 하지만 만약 특허출원 시 보호하고자 하는 대상이 그 물리적 특성을 개선한 것(예를 들어 재료 등은 여기에 속하지 않음)이라면 특허 보호대상이다.

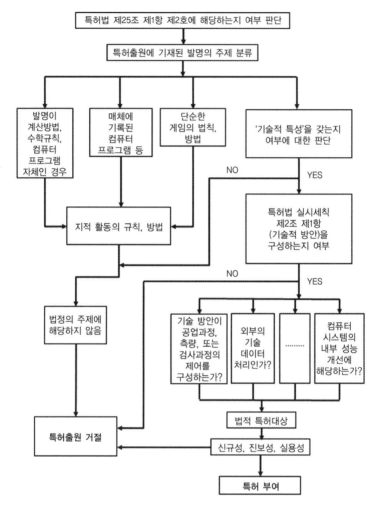

그림 2-5 컴퓨터 프로그램 관련 발명의 심사 흐름도 ("中國におけるコンピータプログラムに關する發明の專利保護の新發展", 知的財産法政策學研究 vol. 15, 2007, p. 289에서 인용)

② 상기 ①에서 서술한 형태를 제외하고, 만약 하나의 청구항에 포함되는 구성 중에 지능활동의 규칙과 방법도 있고, 기술적

특징도 있다면(예를 들어 앞서 서술한 게임장치 내용 중에 게임규칙도 있고, 기술 특징도 있으면) 이 청구항은 총체적으로 하나의 지능활동의 규칙과 방법이라 할 수 없으므로, 특허법 제25조[59]에 의거해 특허 대상에서 제외해서는 안 된다.

전리법에서 말하는 발명이란 물품, 방법 혹은 개선을 위한 새로운 기술 수단 등이다. 컴퓨터 프로그램 특허출원에 기술 수단이 반드시 형성돼 있을 때 비로소 특허에서 보호하는 대상이 될 수 있다.

만약 컴퓨터 프로그램 특허출원에서 제시한 해결수단인 컴퓨터 프로그램을 실행한 목적이 기술 문제를 해결하기 위해서이고, 컴퓨터 프로그램을 운행해 외부 혹은 내부 대상에 대해 제어 혹은 처리한 것이 자연법칙에 따른 기술 수단을 반영해 자연법칙에 부합되는 기술 효과를 얻었다면 이 해결수단은 특허법 제2조 제2관에서 말한 기술 수단에 속하고, 특허가 보호하는 대상에 속한다.

만약 컴퓨터 프로그램 특허출원에서 제시한 해결수단인 컴퓨

---

59. 특허법 제25조 아래 항은 특허를 부여하지 않는다.

　　1항 과학적 발견

　　2항 지능활동의 규칙과 방법

　　3항 질병의 진단과 치료방법

　　4항 동물과 식물의 품종

　　5항 원자핵 변환방법으로 변환된 물질

　　6항 평면 인쇄물, 도안, 채색, 혹은 이들을 결합해 얻은 설계물

　　제4항에서 말하는 품종의 생산방법에 대해서는 이 법에 의해 특허 받을 수 있다.

터 프로그램을 실행한 목적이 기술 문제를 해결하기 위한 것이 아니고, 컴퓨터 프로그램을 운행해 외부 혹은 내부 대상에 대해 제어 혹은 처리한 것이 자연법칙에 따른 기술 수단을 반영한 것이 아닌 경우에는, 이 해결수단은 특허법 제2조 제2관에서 말한 기술 수단에 속하지 아니하고, 특허가 보호하는 대상에 속하지 않는다.

예를 들면 컴퓨터 프로그램 특허출원의 해결수단인 컴퓨터 프로그램을 실행하기 위한 목적으로 하나의 공업과정을 실현하거나, 과정을 측정 혹은 테스트하는 것을 제어하는 것이고, 컴퓨터를 통해 공업과정 통제 프로그램을 시행하거나, 자연법칙에 따른 공업과정에서의 제어를 실시해 자연법칙에 부합되는 공업과정 제어 효과를 발생하는 경우에 그 해결수단은 특허법 제2조 제2관에서 말한 기술 수단에 속하고 특허 보호의 대상에도 속한다.

만약 컴퓨터 프로그램 특허출원 해결수단인 컴퓨터 프로그램 실행목적이 외부 기술 데이터를 처리하는 것이라면, 기술 데이터 처리 프로그램을 실행할 때 반드시 자연법칙에 따라 기술데이터에 기술처리를 실시해야 한다. 그 결과 자연법칙에 부합되는 기술데이터처리 효과를 얻음으로써 이런 해결수단은 특허법 제2조 제2관에서 말하는 기술 수단에 속하고 특허 보호의 대상에 속한다.

만약 컴퓨터 프로그램 특허출원 해결수단에 대해서 컴퓨터 프로그램 실행 목적이 컴퓨터 시스템 내부 성능을 개선하기 위해서라면 시스템 내부 성능 개선 프로그램을 실행할 때 자연법칙에 따른 컴퓨터 시스템 내의 각 부분에 설치하거나 조정을 통해 자연법칙에 부합되는 컴퓨터 내부 성능 개선 효과를 얻을 수 있어야 한다. 이러한 해결수단은 특허법 제2조 제2관에서 말하는 기술 수단에 속하고 특허 보호의 대상에 속한다.

③ 한자코드 방법과 계산기한자입력 방법

한자코드 방법은 한 가지 정보를 서술하는 방법이다. 이것은 소리신호, 언어신호, 볼 수 있는 신호, 혹은 교통신호 등 각종 정보를 서술하는 방식과 마찬가지로, 해결하고자 하는 문제는 사람의 표현 의향에만 의거하고, 해결수단은 사람이 규정한 코드 규율만 사용한 코드 방법이고, 그 해결수단을 실시해 얻은 결과는 하나의 부호 혹은 자모 숫자의 조합이다. 여기서 해결하고자 하는 문제, 해결수단, 해결수단으로부터 얻은 결과는 모두 자연법칙을 준수하지 않았다. 그러므로 한자코드 방법에만 국한된 특허출원은 특허법 제25조 제1관 제2항 규정에서 말한 지능활동의 규칙과 방법에 속하기에 특허 보호의 대상에 속하지 않는다.

예를 들면 하나의 특허출원의 해결수단은 하나의 한자 글자 근원의 코드 방법만 제기했다면 이 한자 글자 근원 코드 방법은 사전을 편찬하거나 사전을 통해 한자를 검색할 수 있다.

이 특허출원의 한자코드 방법은 발명인의 지식과 이해에만 근거하고, 인간의 지적활동으로 한자코드에 대응되는 규칙을 만들었으며 단순히 한자코드 보드의 선택과 조합을 통해 표현하고자 하는 한자의 코드 자모 숫자를 생성하는 것에 불과했다. 이 한자코드 방법이 해결한 기술적 문제는 없을뿐더러 기술적 수단을 사용하지도 않았고 아무런 기술 효과도 나타내지 못했다. 그러므로 이 발명을 특허출원한 한자코드 방법은 특허법 제25조 제1관 제2항에 규정한 지능활동의 규칙과 방법에 해당하므로 특허법이 보호하는 대상에는 속하지 않는다. 그러나 만약 한자코드 방법과 이것을 함께 사용할 수 있는 특정된 키보드를 결합해 컴퓨터 시스템이 한자를 처리할 수 있는 하나의 컴퓨터 한자입력 방법이나 컴퓨터 한자정보 처리 방법으로 발명을 구성했더라면, 그 결과 컴퓨터 시스템이 한자정보의 지령 또는 컴퓨터 프로그램의 운행을 통해 외부 대상 혹은 내부대상을 제어하거나 처리할 수 있다면 이런 컴퓨터 한자입력 방법 혹은 컴퓨터 정보 처리 방법은 특허법 제2조 제2관에서 말한 기술 수단에 속하고, 특허법 보호대상에 속한다고 볼 수 있다.

이런 종류의 한자코드 방법과 함께 사용할 수 있는 특정된 키보드가 결합된 컴퓨터 한자입력 방법을 특허출원하려면 명세서와 청구항에 이 한자입력 방법의 기술적 특징을 반드시 기재해야 한다. 필요시에는 입력 방법과 같이 사용하는 키보드의 기술 특징에 대해서도 기재해야 하는데, 키보드에 배치되는 각 버튼에 대한 정의와 해당 버튼이 키보드의 어느 위치에 배열되는지 등이 기재돼야 한다.

예를 들면 특허출원의 주제가 계산기 한자입력 방법에 관한 것이라면 한자를 조성한 모든 글자의 근원 중에서 확정된 수량의 특정 근원들을 코드화하는 과정, 코드화된 코드가 키보드에 배열되는 버튼의 위치에 대응되도록 특정화하는 과정, 키보드의 특정된 버튼 위치를 이용해 한자코드 입력 규칙에 의한 한자입력의 과정도 포함돼야 한다.

이 특허출원은 한자코드 방법과 특정된 키보드와 결합된 계산기 한자입력 방법에 관한 것이고, 그 입력 방법을 통해 컴퓨터 시스템이 한자를 입력함으로써 컴퓨터 시스템의 처리 능력도 증가하였다면 이 특허출원은 해결하고자 하는 기술 문제, 사용한 기술 수단, 그리고 기술적 효과의 발생으로 인해 특허가 보호하는 대상에 속한다.

5.2.5 개정 예고된 중국 특허심사기준(2016년)

2016년 10월 중국의 특허청[SIPO]의 발표[60]에 따르면 종전까지는 특허 청구하는 대상이 프로그램을 포함한 기록매체이거나 컴퓨터 프로그램 제품인 경우에는 불특허 대상으로 보고, 대체로 특허 적격을 부여하지 않은 심사기준을 개정할 것이라고 했다. 개

---

60. www.ipwatch.com "Revised Chinese patent guidelines maes better prospects for software, business methods than U.S" 기사에서 발췌

정된 심사기준에서는 소프트웨어 발명이 비즈니스 방법이더라도 기술적 효과를 발휘할 정도의 기술적 특성을 포함하는 경우에는 기록매체나 컴퓨터 프로그램 제품을 청구하더라도 전리법 제25조의 불특허 대상으로부터 제외해 특허 적격성을 인정하겠다는 것이다. 이는 소프트웨어 발명에 특허 적격성 판단 기준을 국제적 심사 실무의 수준에 맞추려는 것으로 판단되고, 향후에는 중국에서도 소프트웨어 특허의 인정 범위가 국제적 수준까지 확대될 것으로 예상된다.

5.3 중국특허청의 심사 실무 사례

5.3.1 특허 적격성 부정한 사례

컴퓨터 프로그램을 이용한 원주율을 구하는 방법

[청구항]
컴퓨터를 이용해 원주율을 구하는 방법에 있어서,
정사각형 내 '점'들의 개수를 계산하고
상기 정사각형 내접원내 '점'들의 개수를 계산하고
공식

$$\pi = \frac{\sum 원내의'점'계수치}{\sum 정방형내의'점'계수치} x4$$

에 따라 원주율을 구하는 단계들을 포함하는 것을 그 특징으로 하는 방법.

[판단]
이 해결수단은 컴퓨터 프로그램을 이용한 순 수학적 계산방법 혹은 규칙이므로, 본질은 사람의 추상적 사유방식에 속한다. 그

러므로 특허법 제25조 제1관 제2항에서 규정한 지능활동의 규칙과 방법에 속하므로 특허가 보호하는 대상이 아니다.

자동적으로 마찰계수 μ를 계산하는 방법

> **[청구항]**
> 컴퓨터를 이용해 운동마찰계수 μ의 자동계산을 실현하는 방법에 있어서, 마찰편의 위치변화량 S_1과 S_2의 비율을 계산하고;
> 변화량의 비율 S_2/S_1의 대수값 $\log S_2/S_1$을 계산하고;
> 대수 값 $\log S_2/S_1$과 e의 비율을 구는 단계들을 포함하는 것을 특징으로 하는 방법

[판단]

이 해결수단은 측정방법에 대한 개선이 아니고 컴퓨터 프로그램을 실행한 수치계산 방법이다. 비록 해결한 것은 물리량과 관계가 있으나, 해결과정은 하나의 수치계산이고 전체 해결방안은 여전히 수학적 계산방법에 속한다.

그러므로 특허법 제25조 제1관 제2항에서 규정한 지능활동의 규정과 방법에 속하고, 특허가 보호하는 대상에는 속하지 않는다.

5.3.2 특허 적격성을 인정한 사례

전 세계 언어문자 통용전환 방법

> **[청구항]**
> 컴퓨터를 이용해 전 세계 언어문자의 통용전환방법에 있어서,
> 전 세계 언어문자를 단어상 통일한 후, 자음 자모 품사 표현법을 앞에, 문장성분 표현법을 뒤에 이용하는 방식을 통일해 컴퓨터에 입력하고, 입력 언어와 대응하는 입력 언어 보조어를 형성하고;

> 매개어와 입력한 언어 보조어의 대응관계를 이용해 언어전환을 하며 상기 매개어는 컴퓨터 메모리에 저장하는 세계어와 세계어보조어로 하는,
>
> - 이의 특징은 상기 입력 시의 어구표현법과 문장표현법 방식이 세계어 보조어를 형성하는 어구표현법과 문장표현법 방식과 동일하다는 것이며, 이 중 어구표현법 방식은 다음과 같다: -m는 명사, -x는 형용사, -y는 복수, -s는 수량사, -f는 부사. 상기 문장표현법 방식은 다음과 같다: -z는 주어, -w는 술어, -d는 관형어, -n는 목적어, -b는 보어, -k는 부사어임-
>
> 단계를 포함하는 것을 포함하는 방법.

[판단]

이 해결수단은 비록 전제부에 컴퓨터가 들어갔지만, 전부 내용에 한해서는 통일적으로 번역 매개어만 이용했다. 사람이 전 세계 언어나 문자를 입력하는 것으로 전 세계 언어를 통일적인 방식으로 전환하는 것을 실현했다. 이 해결방안은 기계 번역 방법 자체에 대한 개선은 아니고, 기계 번역하는 과정에서 다른 언어 문자의 고유한 객관적인 언어 규칙에 컴퓨터 기술을 결합한 것이다. 발명인 자신이 언어문자 전환 규칙을 새로이 규정하고 정의한 것은 주관적 인식이지만, 언어를 입력하면 보조어와 매개어의 대응관계가 통일된 방식으로 세계 보조어의 표현과 문장 규율을 나타낸다. 그러므로 발명의 본질은 전리법 제25조 제1관 제2항에서 규정한 지능활동의 규칙과 방법에 속하지만, 기술 문제를 해결하기 위해 기술적인 수단을 이용해 기술 효과를 보았기에 특허가 보호하는 대상에 속한다.

고무압축성형공정을 제어하는 방법

[청구항]
컴퓨터를 이용해 고무압축성형공정을 통제하는 방법에 있어서,
온도센서를 통해 고무유화온도를 측정하고;
상기 유화온도를 이용해 유화과정에서 고무제품의 최적 유화시간을 계산하고;
상기 최적 유화시간이 규정된 최적 유화시간에 도달했는지 여부를 판단하고;
상기 최적 유화시간이 규정된 최적 유화시간에 도달한 때에 즉시 유화 정지신호를 보내는 방법

[판단]

이 해결수단은 컴퓨터 프로그램을 이용해 고무압축성형공정을 통제하는 것이다. 발명의 목적은 고무의 과유화나 부족유화를 방지하기 위함이고, 이는 기술적인 문제다. 이 방법은 컴퓨터 프로그램 실행을 통해 고무압축성형공정을 완성했고 고무유화 원리에 의해 고무유화 시간을 정확하게 실시간으로 제어하는 것으로, 이는 자연규칙을 준수하는 기술 수단을 준수이다. 정확하게 시간을 제어함으로써 고무상품의 질을 대폭 높이는 기술효과를 나타내고 있다. 이 특허출원은 컴퓨터 프로그램을 통해 공업과정제어를 실현한 해결수단이다. 그러므로 특허법 제2조 제2관에서 규정한 기술 수단에 속하고 특허가 보호하는 대상에 속한다.

영상 내 잡음을 제거하는 방법

[청구항]

화상잡음제거 방법에 있어서,

컴퓨터 화상처리할 각 화소데이터를 획득, 입력하고;

상기 화상의 모든 화소의 그러데이션 값을 사용해 상기 화상의 그러데이션 값의 평균값 및 이의 그러데이션 값의 편방편차 값을 계산하고;

화상의 모든 화소의 그러데이션 값을 읽어 들여 각 화소의 그러데이션 값이 평균치의 상하 3배 편방편차 내인지 여부를 하나씩 판단해, 만약 이내이면 해당 화소의 그러데이션 값을 변경하지 않고, 그렇지 않은 경우에는 해당 화소는 잡음으로 인식해 해당 화소의 그러데이션 값 변경을 통해 잡음을 제거하는 단계들을 포함하는 것을 특징으로 하는 방법

[판단]

이 해결수단은 영상데이터를 처리하는 수단으로서 영상 내 잡음을 제거하는 것과 동시에 잡음제거로 영상이 희미해지는 현상을 얼마나 더 줄일 것인가에 관한 것이다. 이것은 기술적 문제로서 컴퓨터 프로그램 실행을 통해 영상 내 잡음을 제거하고 화질 데이터의 그레이스케일과 그레이 변화량으로 그레이스케일이 평균의 3배 변화 외에서는 영상 내 잡음을 제거하고, 그레이스케일 변화가 3배 이내에서는 영상신호가 그레이스케일을 변화시키지 않아서, 현존 모든 화질이 평균적으로 대체되는 결함을 극복했다. 이것은 자연규칙을 준수한 기술 수단으로 영상 내 잡음을 제거하는 동시에 영상이 희미해지는 것을 방지했다. 동시에 대체된 화소가 작아져서 시스템 계산량을 줄여 영상처리속도와 화질을 높이는 기술 효과를 얻었다. 그러므로 이 특허출원은 컴퓨

터 프로그램을 실행해 외부 기술 데이터를 처리하는 해결수단을 실현했다. 특허법 제2조 제2관에서 규정한 기술 수단에 속하고 특허 보호의 대상에도 속한다.

컴퓨터 프로그램을 이용해 액체점도를 측정하는 방법

[청구항]
컴퓨터 프로그램을 이용한 액체점도 측정방법에 있어서,
전치 매개변수 신호처리 프로그램을 통해 액체 종류에 따라 적합한 센서헤드 회전속도를 확정하고;
센서헤드 통제 프로그램을 통해 센서헤드를 가동해 센서헤드가 액체 중에서 상기 회전속도로써 로터리 커팅 운동을 하도록 하고 센서헤드가 반응한 액체 점성 저항력 값을 전류신호로 변환하고;
센서헤드 신호처리 프로그램을 통해 상기 전류신호에 따라 액체의 점도 값을 계산하며 그 점도 값을 액정모니터에 전송해 나타내거나 통신 인터페이스를 통해 생산통제센터에 보내는 단계들을 포함하는 것을 특징으로 하는 방법

[판단]

이 해결수단은 액체점도를 측정하는 방법으로서 어떻게 액체점도 측정 속도와 정밀도를 높이는지에 대한 해결수단이다. 이 수단은 컴퓨터 프로그램 실행을 통해 액체점밀도 측정 과정을 제어해 감지조사의 회전속도 선택과 운행상태 등 감지 과정부터 데이터 수집 기술의 처리 과정과 측정 결과를 보여주는 과정을 자동 제어하는 것이다. 이 기술 수단은 자연규칙을 준수해 액체 점밀의 현장을 실시로 검측할 수 있게 했고 액체점밀도측정속도 와 정밀도를 높이는 기술 효과를 보았다. 그러므로 이 특허출원 은 컴퓨터 프로그램 실행을 통해 실현한 측정 혹은 테스트 과정

에서의 제어하는 해결수단을 실현했다. 특허법 제2조 제2관에서 규정한 기술 방안에 속하고 특허법 보호의 대상에도 속한다.

5.3.3 영업발명의 특허 적격성을 부정한 사례

컴퓨터 게임 방법

> **[청구항]**
> 가입자에게 성장류 및 문답류 게임 방식을 동시에 갖춘 컴퓨터 게임을 제공하는 컴퓨터 게임 방법에 있어서,
> 질문 단계 – 사용자가 컴퓨터 게임장치를 통해 해당 컴퓨터 게임의 게임 환경에 진입할 시에는 저장한 제목자료, 해당 제목자료에 대응하는 답안자료 및 게임진도자료로부터 해당 게임진도에 대응하는 문제자료를 선택한 후 문제자료를 사용자에게 보여준다 –;
> 성적판단단계 – 제공된 문제자료에 대해 사용자의 입력답안이 상기 제목에 대해 저장된 답안자료와 일치하는지 여부를 판단하며, 맞는 경우에는 다음 단계로 진행하고 틀린 경우에는 질문단계로 되돌아간다 –;
> 게임형태 변경단계 – 성적판단단계의 판단결과 및 저장된 문답성적의 기록자료에 따라 사용자에 의해 조작되는 게임캐릭터의 해당 컴퓨터게임에서의 등급, 장비 및 환경을 결정하며, 정답문제의 횟수가 일정한 기준에 달하면 그 등급, 장비 또는 환경은 이에 상응해 높아지거나 증가할 수 있다. 일정한 횟수 기준에 달하지 못하면 그 등급, 장비 또는 환경은 변화하지 아니한다–를 포함하는 것을 특징으로 하는 방법

[판단]

이 해결수단은 통상의 컴퓨터 실행을 이용해 Q&A 게임과정을 제어하는 프로그램으로서 Q&A류 게임과 성장류 게임이 결합해 형성된 컴퓨터 게임 방법이다. 이 방법은 Q&A 혹은 게임 역할을 바꾸는 형식으로 게임 역할과 환경이 Q&A 과정 중에 상응되게 변화된다. 비록 게임장치가 컴퓨터 게임 환경에 들어있지만 컴퓨

터 프로그램 실행을 통해 게임과정 진행을 제어한다. 하지만 그 게임장치는 통상의 게임장치에 해당하고, 게임과정 중에 게임장치의 내부성능(예를 들면 데이터 전송, 내부자원관리 등)을 개선하도록 제어하지 못했고, 게임장치의 구성과 성능에 대해서도 아무런 기술적인 변화를 갖지 못했다. 이 방법이 해결한 문제는 어떻게 인간의 주관적인 의사로 하여금 두 가지 게임 특징을 동시에 봐야 하는 것이기에 기술 문제에 해당되지 않는다. 사용된 수단은 인간이 제정한 활동 규칙에 근거해 Q&A 게임과 성장류 게임을 결합한 것이기에 기술 수단도 아니다. 그냥 Q&A류 게임과 성장류 게임을 결합한 과정에서 관리와 제어를 했기에 게임과정과 게임규칙의 관리와 제어에만 효과를 보고 기술 효과는 나타내지 못했다. 그러므로 이 특허출원은 특허법 제2조 제2관에서 규정한 기술 수단에 속하지 않고 특허법 보호의 대상에도 속하지 않는다.

자기 스스로 학습내용을 정하는 방식으로 외국어 공부를 하는 시스템

[청구항]
학습내용 자기결정방식의 외국어학습시스템에 있어서,

학습기 – 선택된 학습자료를 상기 학습기로 입력한다 –;
파일수신모듈 – 가입자가 전송한 언어파일을 수신한다 –;
파일분할모듈 – 상기 언어파일을 하나이상의 독립문장으로 분할한다 –;
문장분할모듈 – 상기 독립문장을 다수의 분할단원으로 분할한다 –;
문장작성식 언어학습모듈 – 상기 분할단원을 가입자에게 보내고 가입자가 직접 재조합한 문장을 수신한 후 상기 독립문장과 가입자가 직접 재조합해 입력

> 한 문장을 비교해 사전확정한 평점기준에 따라 점수를 내고 그 점수를 상기
> 학습자에게 보낸다—
>
> 을 포함하는 것을 특징으로 하는 시스템

[판단]

이 해결수단은 일종의 컴퓨터 프로그램 성능모듈을 이용한 학습 시스템이다. 이 성능모듈은 사용자 접수를 확인하고 언어문서를 전송할 수 있다. 그중의 문장과 사용자가 재조합한 문장을 비교해 비교결과를 사용자에게 보내주는 것이다. 이 시스템은 비록 학습기로 컴퓨터 프로그램 실행을 통해 학습과정의 제어를 실현하지만, 그 학습기는 통상의 전자장치에 해당하고 외국어 문장에 대해서는 나누어 쪼개고 재조합하고 비교하고 평가했으나 학습기 내부 성능에 대해서는 아무런 개선을 가져오지 못했다. 또한 학습기의 구성과 기능에 대해 아무런 기술상의 변화를 가져오지 못했다. 이 시스템이 해결한 문제는 사용자의 주관적인 바람으로 학습내용을 확정하는 것이기에 기술 문제가 아니다. 사용한 수단은 인위적인 학습규율이고 규율의 요구에 따라 진행함에 어떠한 자연규칙도 적용되지 않는다. 그러므로 기술 수단을 이용하지 않았고 이 방법은 사용자로 하여금 자리 스스로 학습내용을 결정하고 확인해 학습효율을 높이는 것이기에 자연규칙의 기술 효과에 부합되지 않는다. 그러므로 이 특허출원은 특허법 제2조 제2관에서 규정된 기술 수단에 속하지 않고 특허법 보호의 대상에도 속하지 않는다.

6. 러시아의 특허제도

러시아 연방법 민법 제4부에서는 특허권, 실용신안권, 산업디자인권, 상표권뿐 아니라 저작권 등의 기타 지식재산권의 보호에 대해 규정하고 있다.[61]

러시아 특허제도에서는 비특허 대상을 법령으로 규정하고 있으며, 다음과 같은 경우는 민법전 제1350조 제5항에 의해 특허받을 수 없다.

① 발견
② 과학적 이론 및 수학적 방법
③ 심미적 요건을 만족시키는 것을 의도하고 제조된 물품의 외관에만 관련되는 제안
④ 게임, 지적 또는 경영 활동의 법칙 및 방법
⑤ 컴퓨터 소프트웨어
⑥ 정보의 표현에 대한 제안

그러나 이 경우의 특허출원이 상기한 바와 같은 주제 그 자체에 관한 것인 경우에만 특허될 수 없는 대상이 되며, 이러한 주제를 다른 물품이나 방법에 적용시킨 것은 특허 대상에 포함된다. 즉, 과학적 이론을 적용시켜 만든 실험장치, 수학적 방법을 이용해 만든 계산기, 게임 기구 등은 특허 대상에 포함된다고 보면 된다.

---

61. 한국지식재산보호협회, 우리기업 해외진출을 위한 해외지식재산권 보호 가이드북, 러시아편, 특허청 IP연구지원사업, 2012.

IP5 특허청에서의 소프트웨어 발명에 대한 특허 적격성과 달리 러시아에서는 컴퓨터 프로그램이나 비즈니스 모델은 발명의 적격성, 산업상 이용 가능성의 특허요건을 만족하는 경우에라도 발명으로 보호될 수 없으며, 오직 저작권 등의 법률로만 보호될 수 있다고 규정되어 있다.

7. 소결

7.1 세계 주요국의 소프트웨어 특허 적격 판단 비교

세계 주요국 특허청 심사기준을 살펴보면 경제법칙, 게임의 규칙, 인위적 결정, 또는 인간의 정신적 판단행위 등은 법에서 정한 발명의 정의 또는 법에서 정한 법정 주제에 해당하지 않는다는 이유로 특허 적격성을 인정하지 않는 심사 실무는 동일하다. 또한 비즈니스 관련 발명일지라도 청구범위에 하드웨어적 기술적 수단을 포함해야 하는 것을 특허 적격의 필수요건으로 요구하고 있는 점도 동일하다.

그러나 소프트웨어 발명의 특허 적격 여부 판단에 대한 세부적인 사항에서는 국가별로 다소 차이가 있음을 알 수 있다.

한국과 일본

법제가 유사한 우리나라와 일본은 발명의 적격성 판단 기준도 매우 유사하다. 청구항에 하드웨어적 요소가 기재만 있으면 충분하고, 인위적 결정이나 인간의 정신적 판단행위 등이 포함되어 있지 않는다면 특허 적격성을 만족하는 것으로 본다. 우리나라의 경우 컴퓨터 프로그램에 대해 특허 적격을 인정하지 않지만 일본은 이를 인정하고 있는바, 우리나라는 일본과 달리 특허 청구항의 형식에 일부 제한을 두고 있는 점에서 양국의 판단 기준에 차이가 있다.

우리나라와 일본의 경우 소프트웨어 발명의 기술적 효과는 특허 적격의 판단 시 전혀 고려 대상이 아니며, 우리나라와 일본의 심사관들은 미국, 유럽, 중국과 달리 발명의 기술적 효과를 신규성 또는 진보성 영역에서 판단하는 심사관행에서 차이가 있다고 볼 수 있다.

미국

소프트웨어 발명에 관대해 왔던 미국의 경우에는 최근 심사기준을 개정했는데, 발명이 자연법칙, 자연현상, 추상적 아이디어 자체에 해당되면 특허 적격 불허하고, 설령 추상적 아이디어 자체에 해당하더라도 청구항에 이들보다 상당히 더 많은significantly more 추가 요소를 포함하는 경우에만 특허가 인정된다는 것이다. 소프트웨어 특허 적격의 기준에 발명의 기술적 구성은 물론이고 심지어 진보성 판단inventive concept의 요소까지도 포함했으니, 소프트웨어 발명에 대한 특허 적격의 판단 기준이 매우 강화되었음을 알 수 있다.

미국의 소프트웨어 특허의 인정범위의 변화는 다음 그림[62]과
같이 간략하게 나타낼 수 있다.

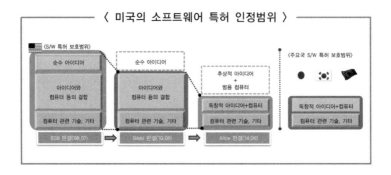

〈 미국의 소프트웨어 특허 인정범위 〉

미국은 소프트웨어 특허에 관한 대표적인 SSB 판결, Bilski
판결, Alice 판결 등에 따라 소프트웨어 특허의 인정범위가 확대
되거나 축소되는 변동이 있어왔음을 알 수 있다. 과거 SSB 판결
로 컴퓨터와 직접적으로 관련 없는 소프트웨어 발명도 특허 적
격을 인정하던 미국은 Bilski 판결(2010)에서 컴퓨터와 아이디어
가 결합된 발명에만 특허 적격을 인정하다가 Alice 판결(2014)을
거치면서 컴퓨터와 결합된 아이디어가 추상적 아이디어에 불과
한 경우에는 안 되고, 단순한 아이디어 제시 이상의 것significantly
more이 포함된 발명으로 한정하는 정도로 특허 인정범위가 매우
제한적으로 좁아졌다.

---

62. 「Alice v. CLS Bank」 미국 연방대법원 판결 분석(2014.07), 정보기술융합심사과

유럽

유럽은 EPC 제52조(2)에서 단순한 수학적 계산방법, 사업방법, 컴퓨터 프로그램 그 자체에 대해 여전히 특허 적격성을 부정하고 있으며, 특히 소프트웨어 발명 중 영업방법 발명에 대해 특허를 부여하는 것에 부정적인 입장은 과거부터 현재까지 일관되게 유지하고 있는 것으로 보인다. 다만 최근에는 소프트웨어 발명의 특허 적격성의 판단요건을 완화해야 한다는 요구에 대해, 소프트웨어 발명에 대해서는 심사 실무상 특허 적격성보다는 신규성 및 진보성의 판단에 따른 특허요건을 적용하는 것을 고려하고 있음에 주목할 필요가 있다.

심사 실무에서는 청구범위에 기재된 비기술적 수단은 신규성 및 진보성 판단에서 제외하고 발명을 구현하기 위한 기술적 수단에 대해서만 신규성 및 진보성 유무를 엄격하게 판단하는 입장으로 변화하고 있다. 유럽에서는 청구항에 기술적 구성이 필수적으로 포함되어야 하고, 설령 비기술적 요소가 청구항에 포함되어 있더라도 그 발명의 효과는 반드시 기술적 효과를 초래해야만 특허를 받을 수 있다.

중국

중국의 경우에는 소프트웨어 발명일지라도 기술적 과제를 해결하기 위해 반드시 기술적 수단을 이용해야 하고, 이로 인해 기술적 효과를 초래해야만 특허 적격을 인정하고 있다. 소프트웨어

발명 중 영업방법 발명은 기술적 과제 해결을 목적으로 하는 것
이 아니고 기술적 효과를 발생하는 것도 아니라는 입장이므로
원칙적 비특허 대상으로 보지만, 예외적으로 매우 제한적으로
특허 적격을 인정하는 심사관행을 살펴볼 때 중국에서 소프트웨
어 발명 중 영업방법 발명의 특허를 획득하는 것은 아직까지는
매우 어려울 것으로 보인다. 다만 2016년 10월 중국 특허청은
컴퓨터 소프트웨어 발명의 청구 형식을 완화하고, 발명의 내용
을 중심으로 법정 주제요건을 판단해 특허 적격을 인정하는 특
허심사기준의 개정을 예고하고 있다.

세계 주요국의 소프트웨어 특허 적격 판단 비교

앞서 살펴본 바를 토대로 소프트웨어 발명에 대한 세계 주요국
의 특허 적격성 판단 기준의 엄격함을 비교하면 다음과 같다.

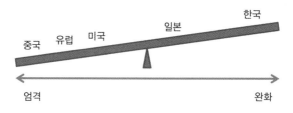

그림 2-6 IP 주요국의 소프트웨어 특허 적격 판단 기준 비교

중국, 유럽에서는 소프트웨어 특허성, 특히 영업방법 발명의
특허 인정 여부에 부정적인 경향이 강하게 작용하고 있으며, 미
국은 최근 개정 심사기준에 따라 소프트웨어 특허의 인정범위를

제한하고 있다고 하지만, 유럽에 비해 상대적으로 친 특허적인 정책은 유지하고 있다. 일본은 소프트웨어 특허가 하드웨어를 통해 구체적으로 구현되는지 여부의 일정요건을 만족한다면 특허 적격을 부정하고 있지 않다.

한국은 2000년대 초반 미국의 친 소프트웨어 특허 정책을 수용해 현재까지 유지하고 있다. 한국 특허청은 소프트웨어 발명에 대한 특허 적격성 판단 기준 중 '소프트웨어에 의한 처리가 하드웨어를 통해 구체적으로 구현되는지 여부'의 판단 기준은 일본의 심사 실무에 비해 다소 완화된 심사 실무를 운용하고 있다. 한국의 심사관들은 해당 발명에 대해 특허 적격성의 거절이유를 통지하기보다는 청구범위가 불명확하다는 거절이유를 통지하는 것을 선호하고 있다.

이는 한국의 특허 청구범위 해석 방법의 차이에서 기인한 것으로 추정된다. 예를 들면 방법 발명의 특허 청구범위에 하드웨어적인 기술적 요소가 기재되어 있지 않은 경우 한국 특허청 심사관들은 통상 방법 발명의 수행 주체가 불명확하다는 '청구범위의 명확성 요건'을 거절이유로 통지하지만, 일본, 미국, 유럽, 중국의 경우에는 자연법칙을 이용한 발명으로 보지 않기 때문에 특허 적격성이 없다는 거절이유로 통지한다. 거절이유 통지 후 보정에 의해 청구범위에 하드웨어적인 기술적 요소를 추가하면 해당 거절이유는 해소되는 것이므로, 최종적으로는 한국이나 일본, 미국, 유럽, 중국에서의 등록된 청구범위는 매우 유사하다.

세계 주요국 특허청의 소프트웨어 발명의 특허 적격 판단 기준은 다음 표와 같이 비교할 수 있다.

국가	한국·일본	미국	유럽	중국
법령 근거	산업상 이용 가능(제29조 제1항)	법정 주제 (35USC §101)	법정 주제 (EPC 52(1)(2))	법정 주제 (전리법 25)
특허 적격성 판단 기준	① 소프트웨어에 의한 정보처리가 하드웨어를 이용해 구체적으로 실현되는 경우에는 특허 인정 ② 경제법칙, 인위적 결정, 인간의 정신적 판단 행위 등이 청구항에 포함되면 불인정	① 발명이 자연법칙, 자연현상, 추상적 아이디어 자체에 해당되면 특허 적격 불허 ② 설령, 추상적 아이디어 자체에 해당하더라도 청구항에 이들보다 상당히 더 많은 추가 요소를 포함하면 특허 인정	① 발명은 청구항 전체로서 반드시 기술적 특징을 포함해야만 특허 적격 인정 ② 컴퓨터를 이용해야 하며, 추가적 기술 효과를 발생시켜야 특허인정	① 발명은 기술적 과제를 해결하는 목적이고, ② 발명은 자연규칙을 준수하는 기술 수단을 이용해, ③ 이로 인한 기술 효과를 초래하는 경우에는 특허 인정
BM 발명 인정 요건	BM 자체는 특허 대상이 아니지만, 컴퓨터로 수행되는 영업방법 발명은 특허 인정	BM 발명이 자연법칙 또는 추상적 아이디어 자체 이상의 발명의 독창적 개념으로 '변형'시키는 것이 있어야 특허 인정	BM 발명은 원칙적 특허 대상에서 제외하나, 기술적 특징이 포함되면 특허 인정	지적 활동 등의 규칙 및 BM발명은 법정 주제가 아니지만, 기술적 특징과 기술적 효과 있으면 특허 적격 인정

7.2 세계 주요국 특허청의 소프트웨어 특허 적격 판단 비교 사례

세계 주요국 특허청의 소프트웨어 발명의 특허 적격성 판단의 심사 실무상 판단 기준에 관한 차이가 있음을 보여주는 대표 사례를 발굴했다. 다만, 인용된 사례로 인해 한국, 일본에서의 소프트웨어 특허 등록률이 비정상적으로 높은 것처럼 오해될 소지가 있으나, 이는 한국에서는 등록되고 다른 나라에서는 거절된 사례만을 대상으로 삼았기 때문이며, 이를 각 국가별 '소프트웨어 특허 등록률의 통계비교 자료'로 삼아서는 안 됨을 일러둔다.

또한 앞서 언급했듯이 한국과 외국의 특허 청구범위 해석방법의 차이로 인해 하드웨어가 기재되어 있지 않는 방법 발명에 대한 거절이유도 차이가 발생한다. 한국 특허청의 심사관행에 따르면 발명의 상세한 설명을 참고했더니 해당 발명의 특허 적격성은 인정되나, 청구범위가 불명확하게 기재된 것으로 보아 거절이유를 통지하고 있다. 유럽, 일본, 미국의 경우에는 청구범위 그 자체만으로도 방법 발명은 반드시 하드웨어와의 결합관계가 기재되어야 특허 적격성을 인정하는 심사 실무를 유지하고 있다.

7.2.1 사례 1[63]

다음의 사례는 WIPO에 PCT 국제출원된 후 한국, 일본, 미국, 유럽의 개별국에 특허출원 진입했으며, 동일한 특허출원에 대해 한국, 일본, 미국, 유럽의 특허청 심사관에 의한 심사 실무상 특

---

63. 출처: 특허청, 영업방법특허에 관한 5극의 법제비교 및 출원전략 연구, 2009.7.

허 적격성 판단에 따른 거절이유 통지 내용을 정리 및 비교했다.

해당 출원 발명은 한국, 미국, 일본, 유럽 특허청에서 특허심사가 종료된 소프트웨어 발명이며, 한국 및 일본 특허청은 최종 특허등록결정이 되었고, 미국, 유럽, 중국 특허청에서는 최종 특허 거절결정된 사례다.[64]

[1] 한국 특허청

(가) 출원개요

① **발명의 명칭** 경매에 기초한 인터넷 검색에서 항목에 대해 클릭당 최저 가격을 정하기 위한 방법 및 장치

- 출원인: 오버츄어 서비시즈, 인크.
- PCT 국제출원일: 2004.2.19.(국제출원번호: PCT/US2004/004878)
- 한국 특허청 출원일: 2005.8.22.(출원번호: 10-2005-7015495)
- 한국 특허청 공개일: 2005.11.9.(공개번호: 10-2005-0106444)

② **[청구항 1]**

경매에 기초한 인터넷 검색에서 항목마다 클릭당 최저 가격을 결정하는 방법으로서,

낮은 클릭당 가격을 갖는 검색 항목을 결정하는 단계;

상기 검색 항목에 관한 클릭당 최저 가격 값을 설정하는 단계; 및

상기 클릭당 최저 가격에 기초해 상기 경매에 기초한 인터

---

64. 중국의 경우 해당 출원이 최종 거절결정되었으나, 중국 특허청이 2010년 이후 출원에 대해서만 특허심사의 세부 내용을 공개하고 있어서 이 책자에서는 그 세부 내용을 담지 못함

넷 검색에 의해 생성된 수입[revenue]을 증가시키는 단계

를 포함하는 클릭당 최저 가격 결정 방법

③ 대표도면

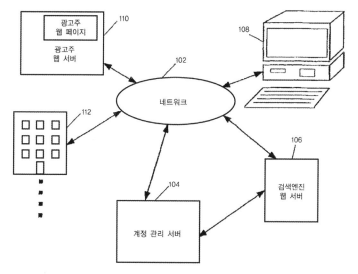

그림 2-7 경매에 기초한 인터넷 검색에 있어서 검색 항목에 대한 최저 자격을 결정하는 방법을 이용하는 네트워크 블록도

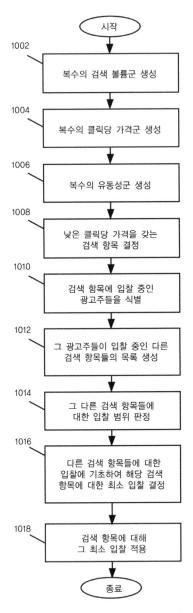

그림 2-8 인터넷에 기초한 경매 검색에서 항목에 대한 클릭당 최저 가격을 결정하는 방법을 보여주는 흐름도

(나) 특허심사 내용

① **거절이유 통지** 청구범위가 불명확함을 이유로 거절이유를 통지함

"본원의 청구범위의 각 구성요소들이 본원의 목적을 달성하기 위해 어떠한 상호작용을 수행하는지 불명확하고, 방법 발명을 이루는 각 단계의 수행 주체가 나타나 있지 아니해 인간의 행위로 해석될 수 있으며, 청구하는 대상을 방법과 시스템으로 혼용된 경우가 있다"는 취지로 청구범위가 불명확하다는 거절이유를 통지했다.

② 이후 보정의 절차를 거쳐 최종 등록결정됨[65]

③ [최종 등록결정된 청구항 1]

인터넷 검색 시스템에 의해 수행되는, 경매에 기초한 인터넷 검색에서 항목에 대해 클릭당 최저 가격을 정하는 방법으로서,

낮은 클릭당 가격을 갖는 검색 항목을 정하는 단계;
상기 검색 항목에 대해 클릭당 최저 가격을 설정하는 단계;
및 상기 클릭당 최저 가격에 기초해 상기 경매에 기초한 인터넷 검색에 의해 생성된 수입^{revenue}을 증가시키는 단계

를 포함하는 클릭당 최저 가격을 정하는 방법

---

65. 한국특허등록번호: 제684222호(등록 청구항 수: 43개)

[2] 미국 특허청

(가) 출원개요

① **발명의 명칭**　Method and apparatus for determining a minimum price per click for a term in an auction based internet search

- 미국 특허청 공개일: 2004.08.26. (공개번호: 20040167845 A1)

② **[청구항 1]**

A method of determining a minimum price per click for a term in an auction based internet search, said method comprising the steps of: determining a search term which has a low price per click; setting a minimum price per click value for said search term; and increasing revenue generated by said auction based internet search based upon said minimum price per click.

(나) 특허심사 내용[66]

① **거절이유 통지**　특허 적격성(Bilski 기준의 채용)을 이유로 거절이유를 통지함

---

66. USPTO, Patent Application Information Retrieval 참조
http://portal.uspto.gov/external/portal/!ut/p/kcxml/04_Sj9SPykssy0xPLMnM
z0vM0Y_QjzKLN4gPMATJgFieAfqRqCLGpugijnABX4_83FT9IKBEpDIQxNDCRz
8qJzU9MbISP1jfWz9AvyA3NDSi3NsRAHxEBJg!/delta/base64xml/L0lJSk03dWI
DU1IKSi9vQXd3QUFNWWdBQ0VJUWhDRUVJaEZLQSEvNEZHZ2RZbktKMEZSb1
hmckNIZGgvN18wXzE4TC84NC9zYS5nZXRRCaWI!

"청구항 1-12와 44-51은 제101조의 방법은 반드시 (1) 물건과 같은 타 법정 발명의 범주와 결부되어 있거나 (2) 물체나 물질 등의 대상물을 다른 상태나 물건으로 변형해야 한다는, 대법원 판례와 최근의 연방항소법원의 판결에 기초해 미국특허법 제101조에 의해 거절된다. 청구항 1의 방법의 단계는 타 법정 발명의 범주와 결부되어 있지 않고, 변형을 수행하지도 않는다. 따라서 특허 대상이 아니다."

② 이후 보정 절차에도 불구하고 최종 거절결정됨

[3] 일본 특허청

(가) 출원개요

① **발명의 명칭** 옥션베이스의 인터넷 서치에서 용어에 대한 클릭 과금최저가격을 결정하기 위한 방법 및 장치

(オークションに基づくインターネットサーチにおける用語に対してクリック課金の最低価格を決めるための方法及び装置)

● 일본 특허청 공개일: 2006.10.5.(공개번호: 2006-522963)

② **[청구항 1]**

オークションに基づくインターネットサーチにおける用語に対しクリック課金の最低価格を決める方法において、

クリック課金の低いサーチ用語を決める段階と、

前記サーチ用語に対しクリック課金の最低価格を設定する段階と、

前記クリック課金の最低価格に基づいて、前記オークショ

ンに基づくインターネットサーチによって生じる収入を増す段階と、から成る方法。

(나) 특허심사 내용

① **거절이유 통지** (i) 발명의 성립성 부정, (ii) 청구범위가 불명확함을 이유로 거절이유를 통지함

(i) 청구항에 관한 발명이 자연법칙 이외의 법칙(예를 들어 경제법칙), 인위적 결정(예를 들어, 게임 규칙 그 자체), 수학상의 공식, 인간의 정신활동에 해당하는 때, 또는 이러한 것만을 이용하고 있는 때(예를 들어, 비즈니스를 행하는 방법 자체)에는 그 발명은 자연법칙을 이용한 것으로 할 수 없어서 '발명'에 해당하지 않는다.

여기서 청구항 1의 기재를 보면 '클릭과금이 낮은 서치 용어를 정하는 단계', '상기 서치 용어에 대해 클릭과금의 최저가격을 설정하는 단계', '상기 클릭과금의 최저가격에 기초해, 상기 옥션에 기초한 인터넷 서치에 의해 발생하는 수입을 증가시키는 단계'라고 기재되어 있어, 기술적인 구조·방법을 특정하고 있다고 하기보다는 비즈니스를 행할 때 업무상의 절차를 특정하고자 하고 있다고도 해석할 수 있으므로, 전체로서 자연법칙을 이용한 것으로는 할 수 없어 특허법 제2조에서 말하는 '발명'에 해당하지 않는다. 또한 상기 청구항의 기재로부터는 각 단계가

컴퓨터에 의해 실행되는 것이라는 명확한 기재가 없지만, 만일 컴퓨터에 의해 실행되는 것이라 하더라도 각 기재에서는 소프트웨어에 의한 정보 처리가 하드웨어 자원을 이용해 구체적으로 실현되어 있지 않으므로, 자연법칙을 이용한 기술적 사상의 창작으로서는 할 수 없고, 어느 쪽도 특허법 제2조에서 말하는 '발명'에는 해당하지 않는 것이다.

(ii) 방법 발명인 청구항 1은 청구항의 기재 전체로, 컴퓨터를 도구로 이용해 인간이 행하는 클릭과금의 최저 가격 결정에 관한 업무절차를 특정하고자 하는 것인지, 서버 등 컴퓨터상에서 실행되는 소프트웨어에 의한 정보 처리방법을 특정하고자 하는 것인지(각 기재에서는 서버 등의 컴퓨터의 동작을 기술적으로 특정하는 것으로는 인정되지 않는다) 불명확하다.

② 이후 보정의 절차를 거쳐 최종 등록결정됨[67]

③ [최종 등록결정된 청구항 1]

ネットワークに接続されたウェブサーバーを使用するネットワーク広告で運用可能であり、前記ウェブサーバーは、サーチャーがネットワークに接続された前記サーチャーのコンピュータを通じて前記ウェブサーバーに入力したサーチ用語に対応してサーチを実行し、サーチ結果をサーチ用語に関連性のある広告をつけて前記サーチャーの前記コン

---

67. 일본특허등록번호: 제4498349호(등록 청구항 수: 38개)

ピュータに前記ネットワークを通じて送信し、広告主に
は、当該広告主のウェブサイトがサーチャーによってク
リックスルーされたときに固定料金で課金するようにされ
ており、該固定料金は、当該広告主が前記ネットワークに
接続されたアカウントマネジメントサーバーのオークショ
ンサイトにアクセスし、当該広告主のウェブサイトに関連
性を有する少なくとも1つのサーチ用語をオークションの
為に入力して落札で決めるようにされている、インター
ネットサーチにおけるサーチ用語に対するオークションで
の最低クリック料金を決める方法であって、

前記アカウントマネジメントサーバーが、オークションサ
イトで入札されているサーチ用語のクリック料金を含む
データを前記アカウントマネジメントサーバーに連結され
たデータベースに記憶する段階と、

該データベースを参照して前記データベースの中のクリッ
ク料金の低いサーチ用語を、類似のサーチ用語のクリック
料金と比較したときにクリック料金が低いかどうかという
ことに基づいて、前記アカウントマネジメントサーバーに
よって特定する段階であって、クリック料金が低いサーチ
用語の特定において前記アカウントマネジメントサーバー
が：

複数のサーチ用語を、前記サーチ用語ごとのサーチ量に

よって区分けして複数のサーチ量の階層を生成し、

各サーチ量の階層の中のサーチ用語を、サーチ用語ごとの
クリック料金で更に区分けしてクリック料金の階層を生成
し、また

クリック料金の階層の中間の階層の中にあるとして前記
サーチ用語を特定する段階と、

前記アカウントマネジメントサーバーを用いて、それ未満
では広告主が前記サーチ用語に対して入札することのでき
ない最低クリック料金の値を設定する段階と、

前記アカウントマネジメントサーバーによって、当該サー
チ用語に関連する前記最低クリック料金を前記データベー
スに記憶させる段階と、

前記アカウントマネジメントサーバーによって、前記広告
主に対して入札管理ウェブページを通じて前記最低クリッ
ク料金の値が前記サーチ用語に設定されたということを、

前記広告主に対して表明するために表示する段階と、

を含む、インターネットサーチにおけるサーチ用語に対す
る最低クリック料金を決める方法。

[4] 유럽 특허청

(가) 출원개요

① **발명의 명칭(EN)** METHOD AND APPARATUS FOR
DETERMINING A MINIMUM PRICE PER CLICK FOR
A TERM IN AN AUCTION BASED INTERNET SEARCH

- 유럽 특허청 공개일: 2004.02.19.(공개번호: EP 1595198 A2)

② **[청구항 1(EN)]**

A method of determining a minimum price per click for a
term in an auction based internet search, said method
comprising the steps of: determining a search term which has
a low price per click; setting a minimum price per click
value for said search term; and increasing revenue generated
by said auction based internet search based upon said
minimum price per click.

(나) 특허심사 내용[68]

① **거절이유 통지** 특허 적격성이 불인정됨을 이유로 유럽 특허
청 심사관에 의한 선행기술 검색 불가Declaration that a search is not
possible 선언(2008.5.11.)

---

68. 유럽 특허청 사이트: European patent register 참조. http:// register.epo.org/
application?number=ep04712848&lng=en&tab=doclist

청구항은 EPC 제52조 규정의 발명에 해당하지 않는다.

- 인터넷 검색에서 1회 클릭이라는 서비스에 대한 가격을 매기는 것은 영업방법으로 인정되며, 이 경우 단순히 기술적 수단을 사용하더라도(자동차의 판매에 단순히 기술적 수단을 부가하더라도 특허 대상이 될 수 없듯이) 특허의 대상이 될 수 없다.
- 가격 결정이 통상의 컴퓨터로 이루어지는 경우에도 컴퓨터 프로그램과 컴퓨터 프로그래밍이 발명으로 인정되지 아니하므로, 이는 특허의 대상이 될 수 없다.
- 컴퓨터가 사용되는 경우에 프로그램과 컴퓨터 간의 통상의 상호관계 이상의 기술적 또는 물리적 효과를 발생하지 않고 있으며, 구체적으로, 프로그램의 실행에 의해 자연력에 대한 의도적이며 직접적인 제어를 하지 않는다는 의미에서 기술적 효과technical effect가 발생되지 않고 있다.

② 이후 심사종료의 선언과 함께 최종 거절결정됨

7.2.2 사례 2

다음의 사례에서는 미국의 개정된 특허 적격성 심사기준을 적용한 심사 결과와 한국의 심사 결과를 비교해본다. 개정된 미국의 심사기준을 적용한 결과 보정에 의해서도 특허 적격성의 거절이유를 해소하지 못했고 결국 거절결정됐다. 그러나 해당 출원은 한국, 일본, 중국에서 특허 결정됐고, 유럽은 아직 최종 결정이 나오지 않은 상황이다.

[1] 한국 특허청

(가) 출원개요

① **발명의 명칭** 대화를 배포하는 시스템 및 방법

- 출원인: 구글 인코포레이티드
- 한국 특허청 출원일: 2013.12.02.(출원번호: 10-2013-7031943)
- 한국 특허청 공개일: 2014.02.03.(공개번호: 10-2014-0012749)
- 한국 특허청 등록일: 2016.02.29.(등록번호: 10-1600674)

② **[청구항 1]**

가젯gadget에 의해 수신된 콘텐츠를 배포syndication하는 컴퓨터 구현 방법으로서,

제2 웹사이트에 임베드된 가젯으로부터 사용자에 의해 게시된 콘텐츠를 수신하는 단계,

상기 사용자를 식별하는 단계,

상기 가젯이 임베드된 제1 웹사이트를 식별하는 단계, 및

상기 제1 웹사이트에 임베드된 가젯에 상기 콘텐츠를 배포하는 단계를 포함하는 컴퓨터 구현 방법

③ 대표도면

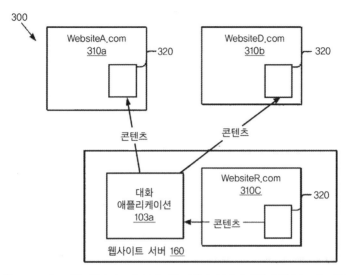

그림 2-9 서로 다른 웹사이트에 임베드된 가젯에 의해 수신된 콘텐츠를 배포하는
제 1 실시예

(나) 특허심사 내용

① **거절이유 통지** 특허 적격성(발명의 성립성)이 없음을 이유로 거
   절이유를 통지함

   "청구항 제1항의『가젯에 의해 수신된 콘텐츠를 배포하는 컴
   퓨터 구현 방법』발명에는 구성요소(~단계)를 수행하는 하드웨
   어적 구성 수단이 명확하지 아니하므로, 이는 소프트웨어에
   의한 정보 처리가 하드웨어적 수단을 통해 구체적으로 실현
   되고 있는 것으로 볼 수 없는 자연법칙을 이용한 기술적 사상
   의 창작으로 볼 수 없다"는 취지로 거절이유를 통지했다.

② 이후 보정의 절차를 거쳐 최종 등록결정됨

③ [최종 등록결정된 청구항 1]

가젯gadget에 의해 수신된 콘텐츠를 배포syndication하는 컴퓨터 구현 방법으로서,

제 2 웹사이트에 임베드된 가젯으로부터 제 1 사용자에 의해 게시된 콘텐츠를 수신하는 단계,

하나 이상의 프로세서에 의해, 상기 제 1 사용자를 식별하는 단계,

상기 하나 이상의 프로세서에 의해 상기 가젯이 임베드된 제 1 웹사이트를 식별하는 단계,

상기 하나 이상의 프로세서에 의해 상기 제 2 웹사이트상에 디스플레이된 상기 콘텐츠를 상기 제 1 웹사이트에 디스플레이하기 위해 전송함으로써 상기 제 1 웹사이트에 임베드된 가젯에 상기 콘텐츠를 배포하는syndicating 단계,

상기 하나 이상의 프로세서에 의해 원래 상기 제 2 웹사이트상에 게시된 상기 콘텐츠에 대해 제 2 사용자에 의해 게시된 답변reply을 상기 제 1 웹사이트에 임베드된 상기 가젯으로부터 수신하는 단계, 및

상기 하나 이상의 프로세서에 의해 상기 제 1 웹사이트상에 디스플레이된 상기 답변을 상기 제 2 웹사이트에 디스플레이하기 위해 전송함으로써 상기 제 2 웹사이트에 임베드된 상기 가젯에 상기 답변을 배포하는 단계를 포함하고,

상기 하나 이상의 프로세서에 의해 상기 제 1 웹사이트 및 상기 제 2 웹사이트 외의 어플리케이션과 연관된 기존 프로 파일을 이용해 상기 제 2 웹사이트에 임베드된 가젯에 상기 제 1 사용자가 로그인할 수 있게 하는 단계를 더 포함하는 컴퓨터 구현 방법

[2] 미국 특허청

(가) 출원개요

① **발명의 명칭** SYSTEM AND METHOD FOR SYNDICATING A CONVERSATION

- 미국 특허청 공개일: 2013.01.31.(공개번호: 2013030922 A1)

② **[청구항 1]**

A computer-implemented method for syndicating content received by a gadget, the method comprising:

receiving content posted by a user from the gadget embedded on a second website;

identifying the user;

identifying a first website on which the gadget is embedded; and

syndicating the content on the gadget embedded on the first website.

(나) 특허심사 내용

① **거절이유 통지** 특허 적격성(발명의 성립성)이 없음을 이유로 거

절이유를 통지함(2014.07.03.)

"청구항 제1항 발명은 비 법정 주제^{non-statutory subject matter}에 관

한 것이다. 해당 구성요소는 통상의 컴퓨터에 의해 기본적인

기능에 해당하므로, 청구항 발명은 추상적 아이디어에 불과

하다. 실질적인 기술적 환경에 추상적아이디를 단순 부가하

는 이상의 의미 있는 기술적 개선을 한정하는 것이 아니므로

이는 추상적 아이디어 이상의 의미 있는^{significantly more} 한정사

항을 포함하고 있지 않아서 특허 적격성을 만족하고 있지 않

다"는 취지로 거절이유를 통지했다.

② 이후 보정의 절차에도 불구하고 거절결정됨(2015.02.27.)

[3] 일본 특허청

(가) 출원개요

① **발명의 명칭** 회화를 신디케이트하기 위한 방법 및 시스템

(会話をシンジケートするための方法及びシステム)

• 일본 특허청 공개일: **2014.08.28.**(공개번호: 2014-522043)

② [최종 등록 결정된 청구항 1]

コンピュータで実装された方法であって、

或る第２ウェブサイトに埋め込まれた或るガジェットか

ら、或るユーザによって投稿されたコンテンツを受信する

ことと、

前記ユーザを識別することと、

前記ガジェットが埋め込まれた第1ウェブサイトを識別することと、

前記第2ウェブサイトに埋め込まれた前記ガジェットから前記ユーザによって投稿されたコンテンツを受信すること、及び、前記ガジェットが埋め込まれた前記第1ウェブサイトを識別することに応じて、該第2ウェブサイトに表示された該コンテンツを、表示用として前記第1ウェブサイトに伝送することと

からなる方法。

[4] 중국 특허청

(가) 출원개요

① 발명의 명칭(EN) 用于聚合对话的系统和方法

- 중국 특허청 공개일: 2014.03.19.(공개번호: CN 103649943 A)

② [최종 등록결정된 청구항 1]

> 1. 一种用于聚合由小工具接收的内容的计算机实现的方法，
> 所述方法包括：
> 5   从第二网站上嵌入的所述小工具接收第一用户所发表的内容；
> 由一个或多个处理器标识所述第一用户；
> 由所述一个或多个处理器标识其上嵌入有所述小工具的第一网站；
> 通过向所述第一网站传输在所述第二网站上显示的所述内容用于显示，由所述一个或多个处理器在所述第一网站上嵌入的所述小工具上聚合所述内容；
> 10   从所述第一网站上嵌入的所述小工具接收由第二用户针对最初发表在所述第二网站上的所述内容所发表的回复；以及

通过向所述第二网站传输在所述第一网站上显示的所述回复用
15 于显示，在所述第二网站上嵌入的所述小工具上聚合所述回复。

3

소프트웨어 특허 청구범위 명확성에 대한 특허제도와 심사 실무

⋮
▽

⋮
▽
1. 개요

소프트웨어 발명은 특허로 인정받기 위해 특허 적격성을 인정받는 것과 동시에 그 청구범위의 명확성clarity도 중요하다. 소프트웨어에 의한 정보 처리가 하드웨어를 이용해 구체적으로 실현되어야 특허 적격성을 인정받을 수 있고, 구체적으로 실현 여부는 청구범위의 명확성이 확보되어야 인정받을 수 있기 때문이다.

청구범위는 출원인의 특허 권리를 확정하는 중요한 부분이며, 제3자의 입장에서는 출원인으로부터의 독점 배타권을 갖는 권리범위이므로, 특허청의 심사 실무에서는 특허요건 판단의 중요 요소 중 하나로 인식되고 있다.

청구범위가 그 기재 요건을 충족시키지 못한 때는 제3자가 부당하게 그 권리에 의해 제약을 받을 수 있을 뿐만 아니라, 권리자 자신도 특허를 제대로 보호받을 수 없게 되거나 불필요한 분쟁에 대처해야 할 수도 있다. 따라서 특허청 심사 실무에서는 청구범위의 명확성을 주의 깊게 살펴보게 된다.

소프트웨어 특허는 그 발명의 특수성 때문에 청구범위로서 보호받고자 하는 대상이 유형적이지 않고, 보호받고자 하는 소프트웨어적 처리 과정은 주로 기능적인 형태로 표현될 수밖에 없다. 기능적 표현은 항상 해석의 다양성을 내포하고 있으므로, 특허청 심사 실무에서 청구범위 명확성의 요건은 가장 많은 특허 거절이유의 항목이기도 하다. 소프트웨어 특허받기 위해 어떻게 청구범위를 작성해야 하는지, 어떤 표현을 피해야 하는지 심사 실무를 중심으로 살펴본다.

특히 소프트웨어 특허의 청구범위는 발명의 구성요소를 나열하듯 기재하는 것으로 표현하기 어려운 경우가 있을 수 있고, 청구범위에 발명의 기능이나 효과를 기재한 기능적 표현이 포함된 경우가 많다. 그러한 기재에 의하더라도 발명의 구성이 전체로서 명료하다고 보이는 경우가 아니면 허용될 수 없다[1]고 해서 청구범위 명확성의 규정을 위배한 것으로 판단될 수도 있다.

여기서 기능적 표현에 의하더라도 발명의 구성이 전체로서 명료하다고 인정되는 경우라고 함은, ① 종래의 기술적 구성만으로는 발명의 기술적 사상을 명확하게 나타내기 어려운 사정이 있어 청구항을 기능적으로 표현하는 것이 필요한 경우, ② 발명의 상세한 설명과 도면의 기재에 의해 기능적 표현의 의미 내용

---

1. 대법원, 1998. 10. 18. 선고 97후1344 참조

을 명확하게 확정할 수 있는 경우[2] 등을 가리킨다.

청구항이 기능적 표현을 포함하는 경우 그 발명이 속하는 기술 분야에서 통상의 지식을 가진 자의 입장에서 발명의 상세한 설명이나 도면 등의 기재와 출원 당시의 기술 상식을 고려해 특허 청구범위에 기재된 사항으로부터 특허를 받고자 하는 사항을 명확하게 파악할 수 있는지를 판단해 그렇지 않다고 인정되는 경우[3] 청구범위 명확성의 규정을 위배한 것으로 본다.

세계 주요국 특허청에서도 청구범위의 명확성을 특허요건으로 규정하고 있으며, 이를 준수하지 않는 경우 특허를 허여하고 있지 않음에 주의해야 한다. 또한 청구범위의 명확성에 대한 판단 기준은 세계 주요국 특허청 대부분이 유사하기 때문에 우리나라 특허법에 의한 청구범위 명확성의 특허요건만을 충족하더라도 세계 주요국의 청구범위의 명확성의 요건을 충족한다고 볼 수 있다.

소프트웨어 특허는 형식적으로 장치, 방법, 그리고 컴퓨터 프로그램이 기록된 컴퓨터 판독 가능한 기록매체 형태 등으로 특허 청구될 수 있다. 세계 주요국들은 장치, 방법 형태의 소프트웨어 특허를 인정하는 것은 공통이지만, 우리나라와 중국은 아직까지 프로그램 형식으로 특허 청구하는 것을 허용하고 있지 않다. 그 이유는 자국의 소프트웨어 기술 수준과 관련이 있는데,

---

2. 특허법원 2006. 11. 23. 선고 2005허7354 참조

3. 대법원 2007.9.6. 선고 2005후1486 참조

아직 자국의 기술 수준이 외국의 선진국에 비해 낮아서 만약 프로그램 형식의 청구항을 허용할 경우 소프트웨어 산업계에서 침해소송 남발의 부작용을 우려해 해당 특허청에서 이를 결정하지 못한 것으로 해석된다.

국가	청구항의 형식				방법 (process)
	물건(prodect)				
	장치/시스템	프로그램	프로그램 제품	기록매체	
한국	O	△	X	O	O
일본	O	O	O	O	O
미국	O	O	O	O	O
EPO	O	O	O	O	O
중국	O	X	X(△)	O	O

그림 3-1 세계 주요국에서의 소프트웨어 특허의 청구항 형식

2. 우리나라의 심사 실무

2.1 특허 청구범위의 기재 요건

특허 청구범위는 명확하고 간결하게 기재하되, 발명의 상세한 설명에 의해 뒷받침되는 사항을 각각의 청구항으로부터 명확하게 파악할 수 있어야 한다.

소프트웨어 발명은 '소프트웨어에 의한 정보 처리가 하드웨어를 이용해 구체적으로 실현되고 있는 경우에 자연법칙을 이용한 기술적 사상의 창작으로 인정'되므로 해당 발명이 구체적으로 실현되기 위해서는 해당 발명이 구현될 하드웨어가 청구항에 구체적으로 명시돼야 한다. 그렇지 않은 경우에는 청구범위 명확

성의 규정도 위배한 것으로 판단될 수 있음에 주의해야 한다.

2.1.1 소프트웨어 발명의 종류

컴퓨터 관련 발명에서 특허 청구범위의 기재 요건 중 발명의 범주에 대해 특유의 판단, 취급이 필요한 사항을 중심으로 설명한다.

[1] 방법의 발명

컴퓨터 관련 발명은 시계열적으로 연결된 일련의 처리 또는 조작, 즉 단계로서 표현할 수 있을 때 그 단계를 특정하는 것에 의해 방법의 발명으로서 청구항에 기재할 수 있다.

[2] 물건의 발명

컴퓨터 관련 발명은 그 발명을 완성하기 위해 복수의 기능으로 표현할 수 있을 때 그 기능으로 특정된 물건의 발명으로 청구항에 기재할 수 있다.

[3] 컴퓨터로 판독 가능한 기록매체 청구항

프로그램을 하드웨어에 설치해 실행하기 위해 사용되는 '프로그램을 기록한 컴퓨터로 읽을 수 있는 기록매체'는 물건의 발명으로서 청구항에 기재할 수 있다.

[4] 컴퓨터 판독 가능한 매체에 저장된 컴퓨터 프로그램 청구항

프로그램을 하드웨어나 기록매체에 설치되어 실행하거나 네트워크를 통해 전송받은 프로그램을 하드웨어나 기록매체에 설치 및 실행하기 위해 사용되는 '컴퓨터 프로그램'은 물건의 발명으로서 예시와 같은 형식으로 청구할 수 있다.

> 〈예시〉
> 컴퓨터에서 단계 A, 단계 B, 단계 C, …을(를) 실행시키기 위한 명령어로서 컴퓨터 판독 가능한 매체에 기록된 컴퓨터 프로그램
>
> 〈예시〉
> 컴퓨터에 기능 A, 기능 B, 기능 C, …을(를) 실현시키기 위한 명령어를 포함하는 컴퓨터 판독 가능한 매체에 기록된 컴퓨터 프로그램

2.1.2 유의 사항

청구항의 말미가 「프로그램」이외의 용어로서 「프로그램에 준하는 것」을 기재한 경우에는 출원 시의 해당 기술 분야의 통상의 기술 상식을 고려해 청구항에 관련된 발명의 범주가 컴퓨터가 갖는 복수의 기능을 특정하는 「프로그램」의 범주에 속하는 것이 명확한 경우는 「프로그램」으로서 취급한다.

① 프로그램에 준하는 것으로 다음의 유형이 허용된다.

애플리케이션, 미들웨어, 플랫폼, 서버, 운영체제^{OS, Operating System}, API^{Application Program Interface}, 컴파일러, 디바이스 드라이버 등

② 다만, 「프로그램 전송매체」, 「프로그램 신호(열)」 또는 「데이터 신호(열)」, 「프로그램 제품」이나 「프로그램 product」 등과 같은 유형으로서 특허 청구된 경우는 「물건의 발명」인지 「방법의 발명」인지를 특정할 수 없거나, 「제품」이나 「product」

등의 기술 범위가 명확하지 않은 용어를 사용하고 있어서 청구항에 관련된 발명을 명확하게 파악할 수 없으므로 청구범위 명확성의 규정을 위배한 것으로 본다.

그러나 위 규정은 우리나라를 제외한 미국, 유럽, 일본 등에서는 그 기재를 허용하고 있음을 주의할 필요가 있다.

[예시]

(a) 선별된 각국의 만화를 자국어로 번역하는 단계와,

(b) 상기 번역된 만화의 내용을 원주민의 음성으로 더빙하는 단계와,

(c) 상기와 같이 더빙이 완료된 만화를 인터넷을 통해 국내외 사용자에 설정된 사이트를 통해 사용할 수 있도록 하는 단계와,

(d) 사용자가 번역된 만화들 중 적어도 하나와 언어를 선택하도록 선택 단계와,

(e) 선택된 만화를 화면과 언어의 선택을 변화시키면서 반복해 학습할 수 있는 단계를 포함해 된 것을 특징으로 하는 인터넷을 통해 사용자에게 외국어 학습정보를 제공하는 프로그램

(설명)

특허 청구범위는 청구하고자 하는 대상이 물(物)에 관한 발명인지 방법에 관한 발명인지가 명확히 기재되어야 하는 것이나, 본 발명의 청구범위 제1항은 주요 구성단계로 이루어져 있긴 하지만, 청구하고자 하는 대상이 '프로그램'으로 기재되어 있어, 청구하고자

하는 대상이 물건에 관한 발명인지 방법에 관한 발명인지 알 수 없으므로 발명이 명확하고 간결하게 기재된 것으로 볼 수 없다.

2.1.3 발명을 명확하게 기재하지 않은 예

[1] 방법 발명에서 각 단계의 행위주체가 명확히 기재되어 있지 않거나, 발명이 구현될 하드웨어가 명확히 구분되어 기재되어 있지 않은 경우

청구항에 관련된 발명에 대응하는 기술적 단계 또는 기능을 추상적으로 단순히 나열하고 있을 뿐 그 단계 또는 그 기능을 수행함에 있어서 그 상호 결합 관계의 하드웨어로 어떻게 실행하거나 실현하는지 명확히 기재하고 있지 않거나, 발명의 상세한 설명에서도 구체적인 실시의 예로서 기재하지 않아서 청구하고자 발명의 단계 또는 기능을 특정하기 곤란한 경우에는 청구범위 명확성의 규정을 위배한 것이다.

[예시]

(a) 고객의 위탁 계좌에 예치된 고객 예탁금을 이용해 증권 거래를 대행하는 단계

(b) 상기 위탁 계좌의 고객 예탁금으로부터 증권 거래에 대한 위탁 수수료를 징수하는 단계

(c) 상기 위탁 수수료를 징수함과 동시에, 상기 위탁 계좌의 고객 예탁금으로부터 소정의 적립금을 인출해 예치하는 단계 및

(d) 예치된 적립금을 기설정된 결제용 은행계좌로 소정 기일에 송금시키는 단계를 구비하는 증권 거래 방법

(설명)

방법 발명에 관한 특허 청구범위는 장치 또는 시스템 내에서 자동화 처리를 위한 기술적 처리 수순(시스템 내에서의 데이터 흐름과 그 처리)을 구체적으로 기재해야 하는 것이나, 자동화 처리에 필요한 기술적 처리 수순을 기재하고 있는 것이 아니라 사람의 판단과 행위가 개입된 추상적인 운영 개념에 대해서만 기재하고 있으므로 발명의 구성을 특정할 수 없어 발명이 명확하고 간결하게 기재된 것으로 볼 수 없다.

[예시]

(a) 컴퓨터를 이용해 고객으로부터 상품의 주문을 받아들이는 단계,

(b) 주문된 상품의 재고를 조사하는 단계,

(c) 해당 상품의 재고가 있는 경우에는 해당 상품을 발송할 수 있음을 위 고객에게 대답하고 해당 상품의 재고가 없는 경우에는 해당 상품을 발송할 수 없음을 위 고객에게 대답하는 단계를 실행하는 수주 방법

(설명)

'컴퓨터를 이용해, ⋯단계'에서 각 단계의 동작 주체가 명확하지 않다. 먼저 '컴퓨터를 (계산 도구로) 이용해 (사람이 컴퓨터를 조작해) 고객으로부터 상품의 주문을 받아들이는 단계, (사람이 컴퓨터를 조작

해) 주문된 상품의 재고를 조사하는 단계, 해당 상품의 재고가 있는 경우에는 해당 상품을 발송할 수 있음을 (사람이 컴퓨터를 조작해) 위 고객에게 대답하고 해당 상품의 재고가 없는 경우에는 해당 상품을 발송할 수 없음을 (사람이 컴퓨터를 조작해) 위 고객에게 대답하는 단계를 실행하는 수주 방법'이라는 '컴퓨터라는 계산 도구를 조작하는 방법'으로 해석할 수 있다.

다음으로 '컴퓨터를 이용해 (구축된 수주 시스템에서) (컴퓨터가 갖춘 수단 A가) 고객으로부터 상품의 주문을 받아들이는 단계, (컴퓨터가 갖춘 수단 B가) 주문된 상품의 재고를 조사하는 단계, 해당 상품의 재고가 있는 경우에는 해당 상품을 발송할 수 있음을 (컴퓨터가 갖춘 수단 C가) 위 고객에게 대답하고 해당 상품의 재고가 없는 경우에는 해당 상품을 발송할 수 없음을 (컴퓨터가 갖춘 수단 C가) 위 고객에게 대답하는 단계를 실행하는 수주 방법'이라는 '소프트웨어에 의한 정보 처리 방법'으로 해석할 수도 있다.

따라서 본래 별개의 청구항에 기재해야 할 '컴퓨터라는 계산 도구를 조작하는 방법' 및 '소프트웨어에 의한 정보 처리 방법'이라는 다른 개념을 하나의 청구항에 포함하고 있기 때문에 청구항에 관련된 발명을 명확하게 파악할 수 없다.

[예시]

고객이 개설한 위탁 계좌의 고객 예탁금을 이용해 증권 거래를 수행하는 증권 거래 시스템에 있어서,

상기 고객이 동의한 약관에 따라 위탁 계좌의 고객 예탁금을 이용해 증권 거래를 수행하고, 이에 따른 위탁 수수료를 상기 고객 예탁금으로부터 징수하고, 위탁수수료를 징수함과 동시에 소정의 적립금을 상기 고객 예탁금으로부터 인출해 예치해 두는 증권사 및 상기 증권사와 업무 제휴되어 있으며, 소정의 계약에 따라 상기 고객이 정기적으로 일정 금액을 결제 계좌를 통해 납입하게 되는 제휴 회사로 이루어지고, 상기증권사는 예치된 적립금을 상기 제휴 회사와 연결되어 있는 상기 결제 계좌로 송금하는 것을 특징으로 하는 증권 거래 시스템

(설명)

물건(장치) 발명에 관한 특허 청구범위는 장치적 구성요소의 유기적 결합관계를 구체적으로 기재해야 하나, 장치적 수단으로 볼 수 없는 고객, 증권사, 제휴사, 리스업체, 보험회사를 구성요소로 기재하고 있으므로 발명의 구성을 특정할 수 없어 발명이 명확하고 간결하게 기재된 것으로 볼 수 없다.

[2] 방법 발명으로서 하드웨어와의 결합관계는 명확하나, 각 단계가 시계열적으로 기재되어 있지 않는 경우

컴퓨터 소프트웨어 관련 발명이 방법 발명으로서 청구항에 기재된 경우(특허 종속항 형식으로 방법 발명이 기재된 경우) 해당 발명의 특징은 구체적 실현을 위해 기재된 하드웨어에 그 특징이 있는 것이 아니고 하드웨어를 이용해 해당 소프트웨어와 협동해 동작하는

그 동작 방법에 특징이 있는 경우에 해당하므로, 각 단계가 시계열적으로 결합되어 청구항에 명시되어 있지 않은 경우에는 특허법 제42조 제4항 제2호 위반이다. 다만, 발명의 각 단계가 병렬적 처리를 수반하는 경우 그러한 사항에도 발명의 효과가 발생하는 것이 발명의 상세한 설명에 기재되어 있거나, 통상 기술자의 상식 범위 내에 있는 경우에는 그러하지 아니하다.

[예시]

[청구항 제1항] 자동화된 처리 기술과 관련된 실험을 관리하기 위한 컴퓨터 구현방법에 있어서,

(a) 공정 제어 컴퓨터가, 자동화된 생산 환경에서 동작할 수 있는 기본 공정으로부터의 적어도 일부 편차deviation를 포함하는 실험 명령order을 유저user로부터 수신하는 단계;

(b) 상기 공정 제어 컴퓨터가 상기 실험 명령을 검사한 적어도 한 명의 유저로부터 상기 실험 명령의 허락approval을 획득하는 단계;

(c) 상기 공정 제어 컴퓨터가 상기 실험 명령의 적어도 일부분을 상기 자동화된 생산 환경의 구성요소에 의해 실행 가능한 포맷의 처리 데이터로 변환하는 단계;

(d) 상기 공정 제어 컴퓨터가 상기 처리 데이터를 데이터베이스에 저장하는 단계;

(e) 및 상기 자동화된 생산 환경의 구성요소가 상기 처리 데이터

에 따라서 상기 자동화된 생산 환경의 구성요소에 의해 실행되는 상기 기본 공정의 적어도 일부와 연계해 상기 실험 명령을 실행하도록 하는 단계를 포함하는 컴퓨터 구현 방법

[청구항 제2항] 제 1 항에 있어서,

(a) 상기 공정 제어 컴퓨터가 상기 실험 명령에 문서들을 첨부하는 단계;

(b) 및 상기 공정 제어 컴퓨터가 상기 실험 명령에 첨부된 문서나 또는 상기 실험 명령의 상태 변화에 응답해 상기 실험 명령의 상태 변화를 표시하는 정보를 공개하는 단계를 더 포함하는 컴퓨터 구현 방법

(설명)

청구범위 제2항에는 '제1항에 있어서, ~ 공정 제어 컴퓨터가 상기 실험 명령에 문서들을 첨부하는 단계 및 상기 공정 제어 컴퓨터가 상기 실험 명령에 첨부된 문서나 또는 상기 실험 명령의 상태 변화에 응답해 상기 실험 명령의 상태 변화를 표시하는 정보를 공개하는 단계'를 더 포함하는 것을 특징으로 하고 있으나, 본원은 자동화된 처리 기술과 관련된 실험을 컴퓨터로 구현한 방법에 관한 것으로서, 각 단계가 청구항 제1항의 어느 단계 이후에 처리되는 것인지 시계열적인 연결 관계가 불명확하다. 따라서 발명이 명확하고 간결하게 기재된 것으로 볼 수 없다.

[3] 발명을 특정하기 위한 사항 사이에 기술적인 관련성이 없어서 구성요소와 구성요소 간의 유기적 결합관계를 특정할 수 없는 경우

컴퓨터 관련 발명은 '소프트웨어에 의한 정보 처리가 하드웨어를 이용해 구체적으로 실현되고 있는 경우에 자연법칙을 이용한 기술적 사상의 창작으로 인정되므로 해당 발명이 구체적으로 실현되기 위해서는 해당 발명의 기능(작용)과 이를 이용할 하드웨어 간의 기술적 상호결합관계가 청구항에 명시되어 있지 않은 경우에는 청구범위 명확성의 규정을 위배한 것이다. 다만, 상호결합관계가 명시되어 있지 않더라도 통상 기술자의 기술 상식의 범위에서 기술적 관련성이 인정되는 경우에는 불명확한 것으로 취급하지 않는다.

[예시]

ATM에서 금융카드로 직접가지 않고, 인증절차선택에서 금융카드 선택과 지문 스캐너를 통한 지문인증의 지문인식 선택을 동시에 인증 받도록 해 지문인식 선택에 인증된 후 비밀번호 입력을 거쳐서 승인토록, 사용 중인 신용카드의 정보와 개인지문 정보를 연동해 기존은행 공동망에 접속토록 구성함을 특징으로 한 카드와 지문인식을 결합한 개인금융 거래 시스템

(설명)

은행업무 입출금 작업 시 인증절차와 지문인식선택 시스템을 결

합 사용하기 위한 개인금융 거래 시스템을 청구하고 있으나, 시스템 구성을 위한 구성요소와 구성요소 간의 유기적인 결합관계를 특정할 수 없다.

[4] 발명을 구성하는 기능(작동)이 1개인 경우

컴퓨터 관련 발명에서 하드웨어를 이용해 구체적으로 실현되어 발명에서 해결하고자 하는 유용한 효과를 발휘하기 위해서는 해당 발명 내에서 복수의 기능(작동)이 하드웨어와 상호결합관계를 유지하면서 작용되어야 하므로 청구항에 발명을 구성하는 기능(작동)이 1개인 경우에는 하드웨어를 이용해 구체적으로 실현되는 것으로 볼 수 없으므로 청구범위 명확성의 규정을 위배한 것이다.

[예시]

난기류(항공기의 비행에 영향을 미칠 정도의 불규칙한 기류)의 발생을 사전에 예측하는 항공기 관제용 컴퓨터

(설명)

출원 시의 기술 상식을 고려하더라도 난기류의 발생을 사전에 예측할 수 있는 구체적인 컴퓨터를 상정할 수 없으므로 발명이 명확하지 않다. 발명의 상세한 설명에 난기류의 발생을 사전에 예측할 수 있는 구체적인 수단이 기재되어 있으면서 실질적으로 그 구체적인 수단밖에 기재되어 있지 않다고 인정할 수 있으므로, 상세한 설명에 기재된 발명을 '난기류의 발생을 사전에 예측

하는 항공기 관제용 컴퓨터'와 같이 달성해야 할 결과로 특정해야만 적절히 특정할 수 있다고 할 수는 없다.

심사 실무에서는 위 사례의 경우 청구범위 명확성의 규정을 위배한 것으로 볼 수도 있지만, 특허의 신규성 및 진보성 위배로 거절될 가능성이 매우 높다.

2.2 '기능, 특성 등'으로 구성된 청구범위의 명확성을 판단하는 방법

(1) 통상의 기술자가 출원 시 기술 상식을 고려해 청구항에 기재된 물건을 특정하기 위한 사항으로부터 그 기능을 가진 구체적인 물건을 상정할 수 있는 경우에는 발명의 범위가 명확하다.

(2) 그러나 상정할 수 없는 경우에도 ① 그 기능으로 특정해야만 명세서 또는 도면에 기재된 발명을 적절히 특정할 수 있으면서, ② 그 기능을 가진 물건과 출원 시 기술 수준의 관계를 이해할 수 있을 때는 발명의 범위가 명확하다.

(3) 여기서 '① 기능으로 특정해야만 명세서 또는 도면에 기재된 발명을 적절히 특정할 수 있는 경우'란 '특수 파라미터 parameter로 물건을 특정하는 청구항', '단계를 수행하는 명령어를 저장하는 컴퓨터 판독 가능 기록매체', '수단을 제어하는 프로그램을 기록한 컴퓨터 판독 가능 기록매체' 등이다.

(4) 다만 이러한 경우라도 '② 그 기능을 가진 물건과 출원 시 기술 수준의 관계를 이해할 수' 없을 때는 '신규성 및 진보성 판단', '침해 판단'의 실마리를 얻을 수 없어서 특허 청구범

위의 기능이 담보되지 않으므로 발명의 범위가 명확하다고 할 수는 없다.

3. 미국의 심사 실무

3.1 개요

미국에서의 소프트웨어 발명에 대한 청구범위 명확성의 법정요건은 컴퓨터-구현 발명에 대한 법정 요건과 동일하며, 미국 특허심사기준MPEP에서 세부적으로 다루고 있다.

미국 특허청에서 소프트웨어 특허가 명확성을 갖추기 위해서는 청구범위에 소프트웨어를 구현하게 될 하드웨어가 반드시 구체적으로 기재되어 있어야 하고, 각 단계 또는 구성요소들은 소프트웨어 발명의 특수성에 의해 기능식 형식으로 작성되어도 특허법 제112조의 규정을 만족하는 것으로 본다. 심사관들은 소프트웨어 발명은 소프트웨어에 의한 처리 방법에 발명의 특징이 있는 것으로 판단하며, 통상 청구범위에 포함된 하드웨어는 새로운 것으로 보지 않는 심사관행을 유지하고 있다.

미국 특허심사기준에서는 청구범위와 더불어 명세서도 명확하게 작성될 것을 함께 요구하고 있는데, 명세서에서 발명의 상세한 설명이 충분히 제시되어야 하고, 최초 개시된 내용이 청구된 발명을 제조 사용할 수 있도록 실시가능하게 충분히 기재되어야 하며, 발명을 수행하는 최선의 실시예를 제시해야 한다.

3.2 기능식 청구항에 대한 심사 실무

특허법 제112조(f)[4]에서는 기능식 청구항을 「조합에 관련된 청구항의 요소는 그 구조, 재료, 또는 이를 지원하는 작용을 설명하지 않지 않더라도 특정의 기능을 수행하기 위한 수단 또는 공정으로서 설명할 수 있고, 해당 청구항은 명세서에 대응하는 구조, 재료, 또는 작용, 및 그 균등물을 대상으로 한다.」고 규정하고 있다.

미국 특허심사기준[5]에 따르면 기능적 한정은 "그것이 무엇인가(what it is)"(예를 들어, 구체적인 구조 또는 성분들)에 의해서가 아니라 "그것이 무엇을 하는가(what it does)"에 의해 그것을 정의하는 것이다. 기능적인 용어로 발명의 일부를 정의하는 것이 본질적으로 잘못된 것은 아니다. 기능적인 용어는 그 자체에서 및 그 자체로 청구항을 불명료하게 하지 않는다.[6]

특허법 112(f)는 기능식 청구항의 형식을 명확하게 인정하고 있으며, 기능식 한정은 means-plus-function 형식을 사용하지 않고도 청구항을 한정하는 데 적용될 수도 있다. 순전히 기능적

---

4. USC 112(f) : An element in a claim for a combination may be expressed as a means or step for performing a specified function without the recital of structure, material, or acts in support thereof, and such claim shall be construed to cover the corresponding structure, material, or acts described in the specification and equivalents thereof.

5. 미국 특허심사기준(MPEP) 번역본, 명세서 기재 요건, 특허청 의료기술심사과, 2015.08.31. 인용

6. In re Swinehart, 439 F.2d 210, 169USPQ 226(CCPA 1971)

한정만을 적용하는 means-plus-function 청구항과는 달리, 그 기능과 함께 일부 구조도 함께 언급된 기능식 청구항도 있다.

예를 들면 '다수의 튀겨진 팝콘 알갱이가 동시에 통과되는 (기능) 원추형(구조) 스파우트'의 Schreiber 판례[7]에서 법원은 "특허출원인은 장치의 특징을 구조적으로 또는 기능적으로 자유롭게 표현할 수 있다."고 판시하면서 기능식 청구항 형식을 인정했다.

3.3 실시가능 요건에 대한 심사 실무

특허법 제112조(a)에서 규정하는 실시가능요건을 만족하기 위해서는 청구범위에 기재된 발명이 통상의 기술자가 '과도한 실험' 없이 클레임 발명을 제조 및 사용하는 것이 가능할 것을 요구한다.

"과도한 실험"의 판단[8]

명세서의 개시가 실시가능 요건을 충족시키지 못한다는 결정을 뒷받침하기 위해 충분한 증거가 있는지 여부 및 필수적인 실험이 '과도한'지 여부에 대해 결정할 때 고려해야 하는 많은 요인들이 있다. 이 같은 요인들은 다음의 사항을 포함하지만 반드시 한정되는 것은 아니다.

---

7. In re Schreiber, 128 F.3d 1473, 1478(Fed. Cir. 1997).

8. In re Wands, 858 F.2d 731, 737, 8 USPQ2d 1400, 1404(Fed. Cir. 1988)

(A) 클레임의 범위(The breadth of the claims)

(B) 발명의 본질(The nature of the invention)

(C) 선행기술의 상태(The state of the prior art)

(D) 그 기술 분야에서 통상의 기술자의 수준

(E) 기술의 예측성의 수준(The level of predictability in the art)

(F) 발명자가 제공하는 지시의 정도(The amount of direction provided by the inventor)

(G) 실시예의 존재(The existence of working examples)

(H) 개시 내용에 근거해 발명을 제조 및 사용하는데 필요한 실험의 양

해당 기술 분야에서 복잡한 실험이 일상적으로 이루어진다면, 실험이 복잡하다고 해서 반드시 그 실험이 과도한 것은 아니다.

실시가능에 관한 테스트는 실험이 반드시 필요한지 여부가 아니라, 실험이 필수적이라면 그 실험이 과도한지 여부에 대한 것이다. 실시가능 여부에 관한 테스트는 한 명의 통상의 기술자가 특허에 개시된 내용으로부터 그 기술 분야에서 알려진 정보와 결부시켜 과도한 실험 없이 발명을 제조 및 사용할 수 있는지 여부에 대한 것이다. 특허는 해당 기술 분야에 잘 알려진 내용에 대해서까지 추가적으로 개시할 필요는 없다.

참고 문헌

- ISSUE& FOCUS on IP 이슈페이퍼, 이성기, 『4차 산업혁명 시대에 대응하는 IP의 역할』, 2016.9.16.

- 박수용, 조황희, 『국가 소프트웨어 경쟁력 향상방안 연구: 소프트웨어 Roadmap』, 과학기술정책연구원, 2012.12.

- 소프트웨어정책연구소, 2015 소프트웨어 산업 연간보고서, https://spri.kr.

- 조영선, 『특허법』, 박영사, 2006.

- 박준석, 『우리 특허법상 '발명'의 개념에 관한 고찰』, 서울대학교法學, 제54권 제3호 2013.8.30.

- 전자신문, 2014. 7. 29.자 "인텔렉추얼디스커버리 출범 4년, IP금융·투자 활성화 첨병된다." 기사 발췌

- EPO, Patent for Software European law and practice, 2013.

- 소프트웨어정책연구소, SW 특허심사기준 개정 논란을 통해 본 SW특허의 여러 쟁점들, http://spri.kr/posts/view/9147?page=2&code= issue_issue.

- 특허청, 컴퓨터 관련 발명의 성립성에 대한 해외 판례 연구집, 2006.5.

- 이해영·정차호, "컴퓨터 소프트웨어 발명의 특허 적격성에 관한 미국판례에 따른 판단 기준", 成均館法學 2014: v.26 no.3, 451-486.

- 이수미·박영수, "컴퓨터 프로그램 관련 발명의 성립성 판단 기준의 변화에 대한 연구", 인하대학교 법학연구, 제17권 제2호 2014, 383-416.

- 이창훈, 한국지식재산연구원, "특허 적격성 판단에 관한 Alice 판결이후 미국 법원의 동향", 특허청 IP소액연구사업, 2015.3.

- 조채영, "특허의 대상: 특허 대상 확대 여부에 관한 논의를 중심으로", 지식재산연구, Vol.4 No.2, 2009.

- 유환, "영업방법 관련 발명의 특허 보호에 관한 연구", 연세대학교 법무대학원 석사학위논문, p.58, 2004.

- www.ipwatch.com "Revised Chinese patent guidelines maes better prospects for software, business methods than U.S" 기사 발췌.

- 世界のソフトウェア特許 −その理論と実務, 2013.8.

- コンピュータ・ソフトウェア関連およびビジネス分野等における保護の在り方に関する調査研究報告書, 平成22 年3月 社団法人 日本国際知的財産保護協会.

- Report on Comparative Study Carried Out Under Trilateral Project 24.2, JPO, 1997. 4.

- 三極におけるソフトウェア関連発明保護の動向, JPO, 2009.7.

- 김민철, "컴퓨터 관련 발명의 성립성에 관한 최근의 일본 판례 연구", 지식재산 21, 2011.7.

- 나동규, "미국 소프트웨어 특허의 인정범위 – Alice Corporation vs. CLS Bank International 판결을 중심으로", 홍익법학, 제15권 제4호, 2014.

- 월간 소프트웨어 중심사회, 소프트웨어정책연구소, 2014. 10월호.

- 한국지식재산보호협회, 우리기업 해외진출을 위한 해외지식재산권 보호 가이드북, 러시아편, 특허청 IP연구지원사업. 2012.

- 발명의 컴퓨터 구현 보호체계 합리화를 위한 특허제도 개선방안 연구, 특허청 연구용역사업보고서, 2014.12.

- 특허법과 저작권법의 조화를 통한 창조적 소프트웨어 기업 보호방안 연구, 특허청 연구용역사업보고서, 2013.12.

- 프로그램 발명의 보호강화에 다른 경제적 효과 및 법제연구, 특허청 연구용역사업보고서, 2012.11.

- 영업방법특허에 관한 5극의 법제비교 및 출원전략 연구, 특허청 연구용역사업보고서, 2009.07.

- BM 특허의 국내외 보호현황 및 발전방향에 대한 연구, 특허청 연구용역사업보고서, 2008.08.
- 5개국 특허법 조문 대비표, 특허청 연구용역사업보고서, 2008.

찾아보기

에이콘출판의 기틀을 마련하신 故 정완재 선생님 (1935-2004)

세계 주요국의 소프트웨어 특허제도 분석

한국, 일본, 미국, 유럽, 중국 특허청에서의 소프트웨어 특허에 대한 심사 실무 비교 분석

인 쇄 | 2017년 3월 21일
발 행 | 2017년 3월 29일

지은이 | 박 상 현

펴낸이 | 권 성 준
편집장 | 황 영 주
편 집 | 나 수 지
디자인 | 박 주 란

에이콘출판주식회사
서울특별시 양천구 국회대로 287 (목동 802-7) 2층 (07967)
전화 02-2653-7600, 팩스 02-2653-0433
www.acornpub.co.kr / editor@acornpub.co.kr